AF279098

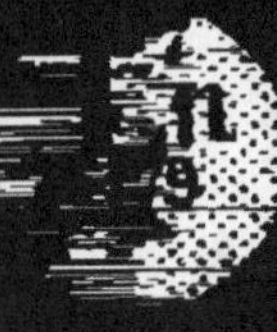

J.-F. BLONDEL

ET

SON ŒUVRE

PAR

Aug. PROST

Membre de l'Académie impériale de Metz

METZ,

Typographie de ROUSSEAU-PALLEZ, Éditeur,

LIBRAIRE DE L'ACADÉMIE IMPÉRIALE,

Rue des Clercs, 14.

—

1860.

J.-F. BLONDEL ET SON ŒUVRE.[1]

I. Ses ouvrages, son école, son influence sur l'art de son temps. — II. Sa doctrine.
— III. Champ ouvert à Metz à ses travaux. — IV. Ses travaux de Metz.
— V. Ses dernières œuvres, sa mort.

I.

Je vais parler d'un artiste jadis considéré, aujourd'hui presque oublié, d'un de ces hommes qui, voués à la théorie bien plus qu'à la pratique de l'art, se sont attachés à fixer ses préceptes plutôt qu'ils n'ont cherché les occasions d'en faire eux-mêmes l'application. Animés d'un esprit essentiellement spéculatif, ceux-là recommandent, moins efficacement peut-être que d'autres, leur souvenir à la postérité, mais ils exercent ordinairement une influence d'autant plus grande sur leur temps, et leur mémoire mérite à cause de cela d'être conservée. Quant à leurs écrits et à leurs travaux, il faut les étudier au moins comme des témoignages historiques, si l'on veut suivre la succession des idées dans le domaine des arts.

Jacques-François Blondel, dont il est ici question, appartient au XVIIIe siècle, et quoiqu'il soit, par son origine et par les données générales de sa carrière, étranger à notre province, il s'y rattache cependant par une de ses œuvres principales destinée à la ville de Metz, vaste projet d'ensemble dont la réalisation est restée incomplète, mais qu'on peut apprécier en étudiant ce qu'il en dit dans ses écrits et en voyant les parties considérables qui en ont été exé-

(1) Éloge de J.-F. Blondel par M. Franque, membre de l'académie royale d'architecture (Journal des Beaux-Arts et des Sciences, 1774). — Biographies de J.-F. Blondel: par M. Patte (tome V du Cours d'architecture, 1777); par M. D... (Vies des fameux architectes, 1787); par Durdent (Biogr. univ. de Michaud, 1843); par P. Chéron (Biogr. univ. de Didot, 1853). — Ouvrages de J.-F. Blondel, de 1737 à 1773. — Archives de l'hôtel de ville de Metz.

cutées, et qui subsistent encore aujourd'hui. Blondel était surtout un théoricien, et il s'était principalement adonné à la partie de l'architecture qui relève des beaux-arts, à l'architecture décorative. La partie technique, l'industrie du constructeur, sans lui être étrangère, était restée pour lui un objet secondaire, car il s'appliqua peu aux travaux du chantier, qui en font surtout reconnaître l'importance et en livrent les secrets. Il écrivit cependant pour l'enseignement quelques traités relatifs à la construction proprement dite; mais il ne semble pas que, sauf au début de sa carrière peut-être, il ait élevé lui-même les édifices dont il a donné les dessins.

J.-F. Blondel était né en 1705 (8 ou 9 janv.) à Rouen. Au siècle précédent, son nom avait été déjà illustré par le célèbre auteur de la porte Saint-Denys, François Blondel, qui vécut de 1617 à 1686, et qui était originaire de Picardie. Jacques-François n'était point parent de son célèbre homonyme. C'est par erreur que des biographes le donnent pour son neveu et ajoutent même qu'il fut son élève, sans s'apercevoir que le prétendu disciple ne vint au monde que près de vingt ans après la mort de celui qu'on dit avoir été son maître. Du reste, s'il ne fut pas son élève dans le sens rigoureux du mot, il put au moins profiter de ses exemples et de ses préceptes; il le cite souvent dans ses écrits; et la manière dont il le mentionne suffirait, il faut le dire en passant, pour démontrer qu'il n'existait aucune parenté entre eux. Ce qui a pu tromper les biographes sur ce point, c'est que Jacques-François était en effet le disciple d'un de ses oncles, architecte peu connu d'ailleurs, qui se nommait François comme le grand artiste du XVII* siècle, mais qui vécut plus tard, de 1683 à 1756. Nous avons, pour garants de ce que nous avançons à cet égard, Franque, ami de Jacques-François Blondel et son collègue à l'académie royale d'architecture, qui a écrit l'éloge publié à sa mort dans le *Journal des Beaux-Arts* (1774), et l'anonyme contemporain qui a donné les *Vies des fameux architectes*, imprimées en 1787. Le premier avait connu particulièrement Blondel, et il dit qu'il était élève de son oncle; l'autre assigne à cet oncle le nom de François, le donne comme originaire de Rouen où il serait né en 1683, et déclare formellement qu'il était d'une autre famille que le célèbre architecte mort en 1686.

Ce qu'on sait de la vie de Blondel se réduit à fort peu de chose. Il paraît avoir été de ces heureux qui n'ont pas d'histoire parce qu'ils n'ont pas connu les grandes aventures. Tout nous le montre comme ayant mené une existence unie, facile et favorisée par des succès à peu près constants. Entouré de considération, il vécut honoré au sein d'une aisance modeste et ne connut, ce semble, le chagrin qu'à la fin de sa vie, dans une vieillesse qu'assombrirent malheureusement, à son déclin, quelques disgrâces de fortune et les souffrances des dernières années.

On ne sait pas à quelle époque précise Blondel quitta sa ville natale pour venir à Paris; on ne sait pas non plus quand il reçut les leçons de l'oncle à qui on nous dit qu'il dut sa première éducation d'architecte. Du reste, il ne semble pas avoir conservé un souvenir bien vif de cet enseignement auquel il ne fait jamais allusion, ni de son oncle qu'il ne nomme nulle part dans ses nombreux écrits, quoiqu'il y parle quelquefois de ses maîtres. Ce silence peu naturel pourrait indiquer entre l'oncle et le neveu quelque chose comme une rupture accompagnée de ménagements. Le caractère de réformateur que prit de bonne heure Jacques-François fournirait au besoin l'explication de cette situation entre lui et un parent qui n'était, dit-on, qu'un artiste médiocre livré très-vraisemblablement au mauvais goût régnant contre lequel s'élevait le jeune architecte.

Blondel avait plus de trente ans quand il publia son premier ouvrage en 1737-1738 (1), voulant, dit-il dans sa préface, rendre compte de ses études aux personnes qui avaient bien voulu l'y seconder. Il a consacré le premier volume de son livre à la description de cinq grands projets d'architecture qu'il avait donnés précédemment pour diverses destinations : un palais en Italie, deux châteaux en Bourgogne et en Bretagne, et deux maisons de campagne. Dans le second volume il a traité de l'architecture décorative en général, appliquée tant à l'extérieur des édifices et aux jardins qu'à l'intérieur des appartements. L'ouvrage est intitulé : *Traité d'architecture dans le*

---

(1) On a faussement attribué à J. F. Blondel un ouvrage intitulé : « Architecture moderne » publié sans nom d'auteur en 1728, et comprenant 2 vol. in-4°. Cette erreur a été redressée dans la nouvelle édition de la Biographie universelle de Michaud (1843), où l'ouvrage en question est renvoyé à Briseux, auteur de deux autres traités, l'un sur les maisons de campagne (1743), l'autre sur le beau dans les arts (1752). Je ferai remarquer que Blondel, en parlant quelque part des travaux de Briseux qui était son contemporain, cite ces deux derniers ouvrages seulement, et que dans le même passage il mentionne l'architecture moderne de 1728 comme étant de Tiercelet.

goût moderne, ou de la distribution des maisons de plaisance et de la décoration des édifices (1). Il est imprimé avec un certain luxe dans le format in-4°, et accompagné de planches qui sont pour la plupart gravées avec beaucoup de talent par l'auteur lui-même.

En même temps (1738) Blondel donnait les planches (2) de la quatrième édition de l'*Architecture de Daviler* publiée pour la première fois en 1691, et depuis lors, avec des additions de Leblond, vers 1710 et en 1720. Le nouvel éditeur se proposait surtout de rajeunir les parties de l'ouvrage qui concernaient la décoration intérieure des appartements, en supprimant comme étant hors d'usage ce que Daviler et Leblond avaient fait sur ce sujet, pour y substituer, disait-il, des modèles fournis par les bâtiments nouveaux qui avaient le plus de réputation, et donner, d'après leurs exemples, des dessins de plafonds, de lambris, de portes, de fenêtres, de trumeaux, de cheminées « qui sont, ajoute-t-il, les parties de la déco- » ration qui ont souffert le plus de changements. » On voit ce qu'on demandait à Blondel dans cette circonstance. Le programme qu'on

---

(1) Le faux titre de l'ouvrage porte : « Traité d'architecture dans le goût moderne » et le titre : « De la distribution des maisons de plaisance et de la décoration des édifices en général » 2 vol. in-4°, Paris 1737-1738. L'auteur après une introduction consacrée à des considérations générales sur l'architecture, donne dans le premier volume la description très détaillée de cinq grands projets de maisons de plaisance composés par lui pour différents pays. Le second volume, divisé en deux livres, traite 1° de la décoration extérieure, des jardins et de leurs dépendances, des ordres et des différentes parties des édifices, 2° de la décoration intérieure des appartements et de ses détails : cheminées, portes, boiseries. Les planches de cet ouvrage sont presque toutes signées par Blondel lui-même (B. inv. et f.); elles sont gravées avec beaucoup de souplesse ; quelques-unes, dans des indications de trumeaux peints, dénotent un véritable talent pour le dessin de la figure.

(2) Les planches de la quatrième édition de Daviler ne sont pas signées, mais elles sont indiquées dans la préface comme étant de Blondel, et celui-ci dit d'ailleurs, dans son Discours sur la nécessité de l'étude de l'architecture (1754), qu'il en est l'auteur. Ces planches ont à peu près le même caractère que celles du deuxième volume du Traité d'architecture dans le goût moderne, que publiait Blondel à la même époque, mais elles en diffèrent cependant et présentent un peu moins de délicatesse de travail ; elles dénotent, ce semble, moins d'habileté, et il est permis de croire, à cause de cela, que, bien qu'elles portent la même date, elles ont pu être exécutées avant les autres.

lui présentait n'était pas sans difficulté pour un esprit déjà préoccupé d'idées de réforme et tourné vers les principes sévères d'un art sérieux. Il le remplit cependant d'une manière satisfaisante en remarquant judicieusement, il le dit dans son Traité, que, si on ne doit jamais dans la décoration des bâtiments s'écarter du ton élevé de la grande architecture, on peut, jusqu'à un certain point, dans l'ornementation des appartements, qui touche de si près aux habitudes intimes de la vie, suivre, en quelque sorte comme on le fait pour le costume, le goût du temps où l'on vit. Mais il proteste avec une extrême vivacité contre les ridicules écarts du système de décoration récemment introduit par les caprices de la mode ; et la tendance marquée de son esprit réformateur se montre dans les fréquents hommages qu'il rend à la manière et au style des anciens maîtres, et dans ses instantes exhortations aux jeunes architectes de résister à l'esprit d'innovation et de ne jamais perdre de vue les vrais principes que recommandent les grands modèles.

Dans la préface de son traité, Blondel se fait connaître comme exclusivement livré depuis plusieurs années aux habitudes d'une existence studieuse et retirée. Il est remarquable de voir ainsi un jeune artiste quitter le champ de la pratique pour s'appliquer de bonne heure à la méditation et aux recherches théoriques. L'homme se révèle ainsi tout entier dès son début. La réflexion, l'étude seront le partage de sa vie ; loin du bruit des chantiers, cultivant son esprit en théoricien, il perfectionnera et augmentera ses connaissances ; leur exposition par la parole et par les livres sera l'occupation de son choix ; l'enseignement sera sa tendance la plus prononcée ; et dans la pratique de son art, il se bornera à l'étude des plans et à la proposition des projets. Telle fut en effet la carrière de Blondel.

Il n'y avait pas alors à Paris d'école où un jeune architecte pût recevoir l'ensemble des connaissances variées nécessaires à son éducation. Il devait aller chercher, d'un côté les leçons de mathématiques, de l'autre celles de dessin, ailleurs les notions de sciences et d'histoire. Blondel eut l'idée de réunir ces différentes branches d'enseignement dans un établissement qu'il institua vers 1740, et où il obtint en 1743 l'autorisation de faire des cours publics. L'*école des arts*, créée ainsi par Blondel, était destinée à prendre un grand développement ; sa réputation se forma rapidement, et d'excellents élèves sortirent de son sein. Quoiqu'il soit difficile peut-être de se faire une idée de ce qu'était à son début une institution de ce genre par le tableau de ce qu'elle devint après une certaine durée , nous citerons ici le programme de ses cours publié quelques années plus tard. On y voit figurer avec l'architecture proprement dite, les mathématiques, la coupe des pierres , le dessin, l'art de modeler, la perspective , l'optique. Cet enseignement était donné par des professeurs spéciaux ; des leçons expérimentales de physique et la pratique des toisés, des devis et des estimations s'y ajoutaient encore, avec l'escrime, la musique et la danse ; car , dit quelque part Blondel, l'architecte, destiné à vivre près des grands, doit, par une éducation libérale, se mettre en état de paraître convenablement dans ce monde distingué.

Ce programme était déjà presque complétement réalisé dès l'année 1747. Deux ans après, Blondel, qui voyait affluer dans son école les jeunes artistes de la France et ceux même de l'étranger, y accorda douze places gratuites à des jeunes gens sans fortune ; enfin , en 1750, le ministre décida que les élèves des ponts et chaussées viendraient y recevoir l'enseignement de l'architecture, et en 1753 le roi pourvut à l'entretien de six jeunes architectes qui y étaient instruits à ses frais (1).

Blondel, dans son école, préparait pour l'avenir des architectes nourris des saines doctrines qui devaient, suivant lui, relever l'art menacé de tomber en décadence ; mais il comprit bientôt que cela ne suffisait pas, et qu'il fallait, sans tarder, s'opposer au débordement du mauvais goût, en s'adressant directement aux artistes déjà en crédit et même aux gens du monde, dont il était urgent de combattre les préjugés et d'éclairer l'esprit. C'est pour arriver à ce résultat que, peu après la création de son école , il sollicita l'autorisation d'y faire des cours publics. Elle lui fut accordée en 1743 par le ministre, avec l'agrément de l'Académie royale d'architecture.

Le jeune professeur n'hésita pas à tracer vigoureusement le programme de cet enseignement nouveau, en attaquant avec résolution les licences qui défiguraient l'architecture livrée aux caprices de la mode. Il condamnait hautement les combinaisons chimériques, les bizarreries dont l'Italie avait fourni dans le siècle précédent les premiers exemples, et qui chez nous n'avaient trouvé que trop de faveur dans les derniers temps ; il proscrivait l'abus des ornements

---

(1) L'école des arts de Blondel était, en 1734, dans la rue de la Harpe.

frivoles qui, de la décoration des appartements, débordaient jusque
sur les ordonnances extérieures, et la profusion des figures sculptées qui
surchargeaient les lignes d'architecture et ôtaient aux édifices
leurs formes et leur repos ; il repoussait enfin l'invasion et les excès
du style pittoresque qui enivrait toutes les têtes. « Quand une fois
» ce poison des arts a séduit, disait-il, les anciens paraissent stériles,
» les grands hommes froids, les préceptes trop resserrés, et l'on
» décore souvent du beau nom d'invention des singularités extrava-
» gantes. »

De 1743 à 1748, Blondel fit quatre cours publics consacrés à
une sorte d'enseignement supérieur destiné aux artistes. On comprend que, dans cette croisade contre les préjugés et les erreurs
de son temps, le courageux professeur dut rencontrer de grandes
résistances et de redoutables difficultés. Aussi, après ce début,
dut-il s'arrêter ; mais c'était pour se recueillir et continuer bientôt,
avec les avantages de l'expérience, sa grande entreprise. En 1754 il
reprend ses leçons publiques et ouvre à la fois trois cours simul-
tanés : un cours élémentaire, un cours de théorie et un cours de
pratique. Le premier, comprenant à un point de vue purement spéculatif l'exposition des diverses parties de l'architecture, était fait
pour les personnes qui ne voulaient connaître que les principes de
l'art ; il devait servir à éclairer le goût et le jugement des gens du
monde et des hommes destinés aux emplois de l'État. Le second
cours embrassait les mêmes matières que le premier, mais à un point
de vue plus élevé et plus scientifique, et il comportait la discussion
des sujets dont il traitait par ceux qui y assistaient. Il s'adressait
particulièrement aux artistes, architectes, peintres, sculpteurs,
qu'une ignorance désastreuse encourage, disait Blondel, à ces har-
diesses condamnables, à ces licences odieuses d'où procèdent les vicissitudes déplorables du goût, qu'on voit passer journellement d'une
mode baroque à une autre non moins bizarre. Blondel appelait
aussi les entrepreneurs à suivre les leçons de ce second cours. Le
troisième, enfin, était destiné aux artisans et aux ouvriers ; il avait
pour objet l'enseignement du dessin et celui de la géométrie appliquée aux arts mécaniques relatifs à la construction des bâtiments.
Ces dernières leçons et celles du second cours, s'adressant à des
hommes occupés, étaient données le dimanche ; celles du premier,
faites pour les gens de loisir, avaient lieu le jeudi et le samedi.

On voit avec quelle largeur Blondel avait conçu l'idée de ses cours publics, et avec quelle fermeté il la réalisait. Les indications que nous venons de donner sur ce qui les concerne, nous sont fournies par deux opuscules qu'il a écrits à leur occasion. Ce sont *deux discours* prononcés pour leur ouverture en 1747 et en 1754 (1) sur la manière d'étudier l'architecture et sur la nécessité de cette étude (2).

---

(1) Il faut peut-être assigner la même origine à deux autres opuscules de Blondel, que je n'ai pas vus et qui sont signalés par un de ses biographes : « Discours sur l'utilité de joindre à l'étude de l'architecture celle des sciences et des arts qui lui sont relatifs, » publié en 1771 ; « Discours sur l'homme du monde éclairé par les arts, » publié après sa mort, en 1774, par M. Bastide.

(2) Les titres de ces deux petits ouvrages sont : 1° « Discours sur la manière » d'étudier l'architecture et les arts qui sont relatifs à celui de bâtir, pro-» noncé par M. Blondel, architecte à Paris, à l'ouverture de son deuxième » cours public sur l'architecture, le 16 juin 1747. » 2° « Discours sur la » nécessité de l'étude de l'architecture, dans lequel on essaie de prouver » combien il est important pour le progrès des arts que les hommes en place » en acquièrent les connaissances élémentaires, que les artistes en approfon-» dissent la théorie et que les artisans s'appliquent aux développements du » ressort de leur profession ; prononcé à l'ouverture du cinquième cours pu-» blic donné par le sieur Blondel, architecte, professeur et directeur de l'école » des arts, rue de la Harpe, à Paris. 1754. »

Dans le premier discours, Blondel signale la variété des connaissances indispensables à l'architecte, dont la considération l'a conduit à la création de son école des arts ; il donne le programme des cours qui y sont faits ; il mentionne particulièrement les leçons où il a réuni le fruit de ses lectures de quinze années dans les ouvrages des meilleurs auteurs anciens et modernes et de ses conversations avec les hommes les plus habiles du temps. En parlant des modèles qu'il mettra sous les yeux des élèves, soit en leur ouvrant ses cartons, soit en les conduisant au milieu des monuments eux-mêmes construits par les grands maîtres, il se prononce avec force contre les écarts du goût dominant, les licences qui compromettent l'art, et les abus du système de décoration à la mode. Dans le second discours, Blondel ajoute à des propositions du même genre, des développements nouveaux sur l'histoire et la condition de l'architecture moderne, sur la décadence dont elle est menacée et sur le rôle qui appartient dans ces circonstances aux hommes qui dirigent l'administration de l'État, aux artistes et aux artisans eux-mêmes. Il joint à ces réflexions l'histoire de son école, le programme de ses leçons et de nombreux et intéressants renseignements sur les académies, les cours publics, les musées, les collections et les monuments les plus dignes d'attention ; il donne enfin l'énumération des ouvrages à étudier et les noms des principaux artistes et amateurs de son temps. Il avait voulu faire, il le dit formellement, de ce petit livre une espèce de manuel qui pût servir de guide à ses élèves dans le plan de leurs études et de leurs travaux.

« Nous ne prétendons pas, y dit Blondel, nous ériger en législa-
» teur de l'architecture, en critique de ses règles fondamentales, en
» juge souverain des productions de ses maîtres ; c'est au contraire
» les principes qu'ils ont suivis que nous tâcherons de développer ;
» nous nous autoriserons des lois, des écrits et des exemples des
» anciens et des modernes. Faire naître un désir ardent de s'instruire
» et de voir élever des chefs-d'œuvre dignes de notre siècle et de
» notre nation, voilà l'objet de nos travaux, la plus digne récom—
» pense de nos soins. »

Nous sommes entré dans quelques détails au sujet des cours
publics de Blondel, parce qu'ils nous semblent faire tout particulièrement honneur à son caractère et à son esprit. Là ne se bornait pas,
au reste, l'exercice de son activité. Dans l'intervalle de six années,
compris entre la série de ses quatre premiers cours et le cinquième, il
avait entrepris un travail considérable et fort utile aux artistes :
c'était la description détaillée des principaux monuments de la
France. Blondel avait donné le titre d'*architecture française* (1)
à cet ouvrage dont il écrivait le texte et gravait lui-même les planches.
Il avait annoncé que l'œuvre comprendrait huit volumes in-folio.
Les quatre premiers volumes consacrés aux monuments de Paris
et de Versailles furent imprimés de 1752 à 1756 ; malheureusement
leur coûteuse publication avait obéré Blondel, et les volumes suivants
ne parurent pas. Le cinquième devait contenir la description des
maisons royales et des principaux édifices des environs de Paris ;
le sixième aurait été consacré aux monuments de la province ; les
septième et huitième enfin étaient destinés à un traité d'architecture.

La matière de ce dernier travail, non exécuté, a pu passer
ultérieurement dans le *cours d'architecture civile* donné par Blondel
à la fin de sa vie, pour fixer, comme il le dit dans le titre du

---

(1) « Architecture française, ou Recueil des plans, élévations, coupes et
» profils des églises, maisons royales, palais, hôtels et édifices les plus
» considérables de Paris, ainsi que des châteaux et maisons de plaisance
» situés aux environs de cette ville ou en d'autres endroits de la France, bâtis
» par les plus célèbres architectes et mesurés exactement sur les lieux, avec la
» description de ces édifices et des dissertations utiles et intéressantes sur
» chaque espèce de bâtiment; par Jacques-François Blondel, professeur d'ar-
» chitecture, » 4 vol. in-folio. Paris, 1752-1756. Au commencement de l'ou-

livre, les leçons qu'il avait faites à son école des arts (2). Blondel,
prévenu par la mort, ne put pas non plus terminer cet ouvrage.
M. Patte, qui l'a continué après lui, déclare qu'un traité comme
celui-là manquait encore, et reconnaît la difficulté que présentait
son exécution, ajoutant que « il ne pouvait être produit que par un
» homme consacré par état, comme l'était Blondel, à tout voir, à
» tout examiner, tout comparer, et qui eût lu ou médité tout ce qui
» avait été écrit sur ces différentes matières. » Le cours d'architecture, d'après le plan qui en est tracé dans la préface du tome
premier, devait comprendre en six volumes trois parties touchant
la décoration, la distribution et la construction des édifices. Les
deux premiers volumes parurent en 1771, le troisième en 1772, le

---

vrage se trouve, en forme d'introduction, une histoire abrégée de l'architecture,
des considérations sur les arts qui se lient à sa pratique, des préceptes généraux touchant la distribution, la décoration et la construction des édifices, et
une description historique de la ville de Paris. Les notices qui concernent les
monuments décrits dans le corps de l'ouvrage, sont extrêmement intéressantes
et abondent en renseignements de toutes sortes ; les grandes planches qui les
accompagnent sont magnifiques.

(2) « Cours d'architecture ou traité de la décoration, distribution et cons-
» truction des bâtiments, contenant les leçons données en 1750 et les années
» suivantes, par J.-F. Blondel architecte, dans son école des arts, publié de
» l'aveu de l'auteur par M. R... » 4 vol. in-8º. Paris, 1771, 1773. Deux autres
volumes, faisant suite aux quatre premiers, sont intitulés : « Cours d'archi-
» tecture.... commencé par feu J.-F. Blondel, architecte du roi et profes-
» seur de l'académie royale d'architecture, et continué par M. Patte, archi-
» tecte de S. A. S. Mgr. le prince palatin duc régnant de Deux-Ponts. »
2 vol. in-8º. Paris, 1777. C'est pour être plus libre dans ses appréciations,
nous dit M. Patte, que dans le titre de son ouvrage, Blondel feignit d'avoir
donné seulement son aveu à sa publication, comme si elle était faite par un
autre que par lui. « Il a mieux aimé aussi, est-il dit encore, renoncer à se
» parer du titre d'académicien dans son frontispice, que de soumettre l'ouvrage
» à sa compagnie, conformément aux statuts qui la régissent. » Le cours d'architecture contient des considérations générales sur l'histoire et l'essence de
l'art, des dissertations et observations très-intéressantes sur divers objets
qui le concernent, et des notions particulières sur la décoration, les ordres,
les diverses sortes de bâtiments, leur distribution et leurs parties, les jardins,
les plans d'ensemble. Les deux derniers volumes donnés par Patte traitent
de la décoration intérieure et de la construction proprement dite. Des planches
nombreuses accompagnent l'ouvrage.

quatrième en 1773. L'année suivante aurait probablement vu imprimer le tome cinquième, mais la mort de Blondel, arrivée au commencement de janvier 1774, arrêta sa publication, pour laquelle il ne laissait que des notes éparses, une cinquantaine de pages rédigées, et 36 planches sans classification ni table qui pussent en faciliter l'emploi. Il avait donné jusque-là ce qui était relatif à l'art de la décoration, objet spécial de ses études. Ce qu'il devait y ajouter aurait concerné surtout les procédés techniques de la construction dont il s'était beaucoup moins occupé. Cette considération doit diminuer les regrets qu'on pourrait avoir de l'interruption de l'ouvrage, lequel au reste, comme je viens de le dire, reçut plus tard de M. Patte le complément qui lui manquait. En effet, cet architecte, justement estimé, donna en 1777 deux nouveaux volumes pour faire suite aux quatre premiers, et le cours d'architecture fut ainsi achevé conformément au programme que l'auteur avait tracé en le commençant.

Nous ajouterons, pour compléter ce que nous savons des ouvrages (1) de Blondel, que sa réputation avait engagé les célèbres éditeurs de l'*Encyclopédie* (2) à lui demander pour leur grand ouvrage

---

(1) Les ouvrages de J.-F. Blondel sont, par ordre chronologique :
— 1° Traité d'architecture dans le goût moderne ; 2 vol. in-4° : Tome I, 1737, les Maisons de plaisance ; Tome II, 1738, la Décoration des Édifices. — 2° Planches du Cours d'architecture de C.-A. Daviler ; 1 vol. in-4°, Paris, 1738. — 3° Discours sur la manière d'étudier l'architecture et les arts qui sont relatifs à celui de bâtir ; brochure in-16, 1747. — 4° Articles divers sur l'architecture dans l'Encyclopédie ; 1751-1765. — 5° Architecture française ou Recueil de plans, élévations, coupes et profils, etc. ; 4 vol. in-folio, Paris, 1752-1756. — 6° Discours sur la nécessité de l'étude de l'architecture, etc. ; in-8°, Paris, 1754. — 7° Fragments d'architecture et dessins des croisées qui décorent les façades du Louvre ; in-folio sans date (vers 1755). — 8° Discours sur l'utilité de joindre l'étude de l'architecture à celle des sciences et des arts qui lui sont relatifs ; in-8°, Paris, 1771. — 9° Cours d'architecture civile ; 4 vol. in-8°, Paris, 1771-1773. (Les tom. V et VI ont été donnés par Patte ; in-8°, Paris, 1777). — 10° Discours sur l'homme du monde éclairé par les arts, publié par M. Bastide ; in-8°, Paris, Amsterdam, 1774.

(2) L'Encyclopédie, publiée par Diderot et d'Alembert, a paru en 17 vol. in-f°, de 1751 à 1765 ; les planches en 11 vol., de 1762 à 1772 ; le supplément en 4 vol., de 1776 à 1777. Les articles de J.-F. Blondel y sont signés : P. Les éditeurs, dans le discours préliminaire, disent qu'ils se sont adressés

les articles relatifs à son art, lesquels sont en effet de sa main; et qu'après la publication du tome troisième de son *Architecture française,* il avait exécuté et dédié au marquis de Marigny, vers 1755, un cahier de 12 planches destinées à illustrer les principaux détails d'architecture du Louvre dont le roi venait de décider l'achèvement. Blondel avait intitulé ce recueil : *Fragments d'architecture,* et avait signé son épître dédicatoire en accompagnant son nom du titre d'architecte du roi. Il venait d'être nommé *membre de l'académie d'architecture* (novembre 1755) (1).

à lui comme à un « architecte célèbre, non-seulement par plusieurs ouvra-
» ges qu'il a fait exécuter à Paris, et par ceux dont il a donné les dessins
» et qui ont été exécutés chez différents souverains, mais encore par son
» Traité de décoration des édifices, dont il a gravé lui-même les planches
» qui sont très-estimées; par celles de la dernière édition de Daviler, et par
» son architecture française. On ne pouvait, ajoutent-ils, à toutes sortes d'é-
» gards, faire un meilleur choix pour l'Encyclopédie. »

(1) L'académie royale d'architecture, instituée en 1671, avait succédé alors au conseil des bâtiments établi précédemment comme elle par Colbert, à l'occasion des constructions du Louvre. Le célèbre François Blondel en fut alors nommé directeur et professeur. Les protecteurs de l'académie furent successivement les divers surintendants des bâtiments du roi : Colbert, le marquis de Blainville, Louvois, le marquis de Seignelay, J. Hardouin-Mansard; et après la suppression de la charge de surintendant des bâtiments, le duc d'Antin, directeur des bâtiments du roi. En 1717, l'académie fut mise par lettres-patentes sous la protection directe du roi, dont elle recevait les ordres par le directeur général des bâtiments. Ses membres étaient partagés en deux classes et leur nombre a souvent varié. Il venait d'être porté de 24 à 30 quand J.-F. Blondel fut admis parmi eux (novembre 1755). L'académie d'architecture qui, au commencement, se réunissait dans une annexe du Palais-Royal, comme celles de peinture et de sculpture, fut transférée au Louvre en même temps que ces dernières, vers la fin du dix-septième siècle. Ses conférences revenaient une fois par semaine, et avaient pour objet de résoudre les difficultés survenant dans les constructions; de déterminer les proportions d'architecture; de décider des us et coutumes du bâtiment; de constater enfin les découvertes utiles à la pratique de l'art. Outre cela, deux de ses membres revêtus du titre de professeur royal, faisaient des cours publics de mathématiques et d'architecture. Chaque mois elle distribuait des médailles d'encouragement aux élèves; et, depuis 1723, elle en décernait annuellement trois plus importantes, dont la première assurait à celui qui l'avait obtenue le droit d'être entretenu à Rome aux frais du roi, pendant trois ou quatre ans, avec les élèves de peinture et de sculpture.

Cette faveur montre assez quelle place importante Blondel avait prise dans les régions de l'art. Une nouvelle distinction l'attendait bientôt au sein de l'académie. Elle faisait faire par deux de ses membres des cours publics de mathématiques et d'architecture. Blondel était tout naturellement indiqué pour ce dernier enseignement, et en 1762 (octobre) il fut nommé *professeur royal de l'académie au Louvre*, condition dans laquelle il resta jusqu'à la fin de sa vie. « C'est là, dit M. Patte le continuateur de son dernier ouvrage, » qu'il déploya son talent pour enseigner, et toutes les connaissances » qu'il avait acquises dans le silence du cabinet ; c'est là qu'il prépara » une heureuse révolution dans le goût de notre architecture, en ne » cessant de faire sentir la frivolité des formes capricieuses qui avaient » commencé à s'y introduire, par opposition aux beautés mâles des » chefs-d'œuvre des grands maîtres. Il est important, ajoute-t-il, de » ne pas laisser ignorer qu'on lui a cette obligation. » Ce témoignage d'un contemporain montre que nous ne nous sommes pas trompés en reconnaissant Blondel pour un des réformateurs du goût au XVIIIe siècle. Un si grand service rendu à l'architecture et aux arts en général, est un de ses plus beaux titres de gloire ; il convient de s'arrêter un instant pour en mesurer l'importance.

Il faut se rappeler ce qu'étaient devenus au milieu du XVIIIe siècle les arts du dessin, sous l'influence d'un besoin effréné de nouveauté et d'une tendance extravagante vers la singularité. Le goût de la rocaille et du contourné y régnait sous l'égide de la mode ; les exagérations de la richesse et les recherches du pittoresque y avaient produit l'écrasante profusion des ornements, et leur emprunt inattendu aux objets les plus extraordinaires. En même temps, l'oubli de toute logique faisait passer ces figures étranges de leur rôle de pur ornement à la condition de membre essentiel de la structure ; la coquille devenait corps, la palme et le rinceau devenaient supports. Ces formes elles-mêmes subissaient des modifications bizarres qui les rendaient méconnaissables ; les éléments décoratifs n'étaient plus que des figures chimériques et monstrueuses, enfantées par des imaginations égarées. Ces abus dominaient dans la décoration des appartements, dans l'ameublement, dans l'ornementation en général, et gagnaient l'architecture, constituée alors par les savantes et heureuses combinaisons d'un art formé sous l'influence d'un retour, qui datait de la renaissance, vers les traditions de l'antiquité.

On a contesté la légitimité et la valeur de cet art moderne qu'on s'est efforcé quelquefois de réduire à la condition de simple pastiche de l'art antique. C'est un tort. L'art des peuples modernes, comme leur littérature, comme leur civilisation elle-même, se rattache il est vrai par la tradition aux usages et aux pratiques des anciens, mais il a une valeur originale, et dans son domaine propre il représente une phase distincte du long développement d'idées qui de l'antiquité s'étend jusqu'à nous (1).

On ne peut dire quels efforts précédèrent et déterminèrent l'enfantement de l'architecture grecque; on ne sait pas quels tâtonnements conduisirent l'art de construire, de l'humble maison de bois au temple magnifique. Cette filiation est pourtant certaine. A l'époque de la plus grande splendeur de l'art grec, quand depuis longtemps la pierre et le marbre sont devenus ses matériaux à peu près exclusifs, le souvenir de l'édifice en bois s'y perpétue encore par l'autorité de la tradition. Les pièces verticales sont devenues piliers et colonnes; les pièces horizontales qui les surmontent se retrouvent dans les architraves et les frises; les pièces inclinées de la toiture dans les rampants des frontons. Je ne m'arrêterai pas à ces rapprochements qui sont connus et dont personne ne conteste l'exactitude. Les détails élémentaires du plus ancien des trois ordres grecs, l'ordre dorique, les font toucher au doigt. Dire que les autres ordres, l'ionique et le corinthien, ne sont que des modifications de l'ordre dorique enfantées par les raffinements du goût et par la recherche de l'élégance et de la richesse, c'est répéter ce que sait tout le monde; et on ne sort pas non plus du domaine des opinions générales les plus accréditées, en rappelant que cette architecture des Grecs, amenée de bonne heure par eux à une rare perfection, fournit à tous les systèmes de construction et de décoration imaginés depuis lors, leurs principaux éléments constitutifs, auxquels les Romains n'eurent plus qu'à ajouter, dans les pratiques usuelles, l'arc en plein cintre et la voûte, et les peuples du moyen âge l'arc en ogive.

Après cette dernière découverte, la série complète des combinaisons de formes possibles en architecture était-elle parcourue, et les hommes devaient-ils dorénavant, sans pouvoir en inventer de nouvelles, se

---

(1) Je trouve la justification de ces considérations dans le savant traité d'architecture de M. L. Reynaud, ingénieur en chef des ponts et chaussées, professeur d'architecture à l'école polytechnique, 2 vol. in-4°. Paris 1850-1858.

borner à l'étude et à l'application de celles qui avaient été trouvées antérieurement? C'est ce que je n'oserais dire. Toujours est-il qu'à partir de ce point, l'esprit humain prend une direction nouvelle dans la carrière de l'invention architecturale, et se livre à un travail presqu'exclusif d'organisation et de développement des éléments architectoniques employés aux époques antérieures. Cette ère de rénovation qui dure pour les peuples de l'Europe depuis trois ou quatre siècles, ne pouvait pas être consacrée seulement à l'imitation pure et simple des choses du passé. L'humanité progressait; des idées nouvelles, des besoins nouveaux ne pouvaient pas s'arranger des formes anciennes sans les modifier profondément. En reprenant, au quinzième et au seizième siècles les traditions de l'architecture antique, on dut faire subir aux éléments qui la constituaient des changements considérables pour les appliquer à des édifices entièrement différents de ceux pour lesquels ils avaient été inventés. On fit alors sur l'architecture des Romains, la seule dont on connût un peu les monuments à cette époque, un travail de transformation analogue à celui que les Romains eux-mêmes avaient autrefois appliqué à l'art des Grecs; et les heureuses combinaisons érigées en système d'abord par ceux-ci, puis, après un remaniement complet, par les Romains, effacées ensuite un instant en Occident par le règne brillant de l'architecture ogivale, furent de nouveau mises au creuset de l'invention pour fournir un troisième système, celui de *l'Architecture moderne*.

Tel est l'enchaînement des phases diverses de l'art pratiqué chez les peuples de l'Europe, à partir des Grecs et en passant par les Romains, pour arriver aux modernes après l'intéressante période qui, pendant le moyen-âge, a interrompu cette succession et a vu s'épanouir l'art ogival, produit charmant et inattendu dérivé du roman et du bysantin qu'avaient enfantés les caprices de la dégénérescence romaine. L'architecture ogivale qui rompt en quelque sorte en Europe la chaîne des traditions d'art de l'antiquité, devait retarder la reprise de celles-ci dans les pays où elle avait eu son plus grand développement, en France, en Angleterre, en Allemagne. Ecartée par cette influence, l'architecture moderne devait naître ailleurs. Elle commence en Italie, où l'architecture ogivale ne s'était produite que d'une manière incomplète. D'autres circonstances devaient encore y favoriser son avénement: c'est d'abord le mouvement des esprits qui se fit plus particulièrement dans son sein vers l'antiquité grecque et romaine par la renaissance des lettres, ensuite la présence sur ce sol privilégié d'un nombre plus grand qu'ailleurs de monuments antiques, propres à servir de guides aux inventeurs et aux propagateurs de l'art nouveau. Dès la fin du quatorzième siècle, et dans le courant du quinzième, on voit naître et se développer la tendance d'où il allait sortir. Les artistes florentins, ceux de Rome, ceux de la Lombardie prennent la direction de ce mouvement ; et quand viennent au seizième siècle les Bramante, les San Gallo, les Michel-Ange, les Palladio, l'architecture moderne est constituée et a déjà produit des chefs-d'œuvre. Tous ces artistes sont Italiens. Les Français prennent aussi une part notable à l'enfantement de l'art moderne. En effet, les rapports intimes nés à la fin du quinzième siècle des événements établissent entre le génie des deux peuples une communication dans laquelle les Français, après avoir d'abord joué le rôle de disciples, donnent des maîtres à leur tour. Dès le seizième siècle, les Pierre Lescot, les Philibert Delorme, les Jean Bullant, sont chez nous de véritables créateurs; et au dixseptième la voie ouverte par eux est brillamment parcourue par les de Brosse, les Lemercier, les Perrault, les Blondel, les Mansart.

Qu'était-ce que l'architecture moderne enfantée par ces maîtres? qu'avait-elle emprunté à l'art greco-romain dont elle reprenait la tradition? En quoi en différait-elle? quels étaient les caractères originaux qui lui appartenaient en propre? Je ne parle ici, bien entendu, que de la partie de l'architecture qui est du domaine des beauxarts, c'est-à-dire de l'architecture décorative.

Chez les anciens Grecs, la décoration et la structure avaient été d'abord une seule et même chose, la décoration résultant primitivement des proportions et de l'élégance des membres eux-mêmes de de la construction : la colonne, l'entablement, les frontons. Plus tard ces éléments avaient dû être appliqués à l'ornementation des surfaces dans des édifices qu'ils ne constituaient plus. C'est ainsi que la décoration s'était séparée de la structure, en ne conservant plus avec elle que des rapports purement rationnels, au lieu de la liaison plus intime qui d'abord les avait unies. Les constructions purent bien, dès l'époque grecque, se prêter dans quelques circonstances à l'application de ce système; mais c'est surtout chez les Romains qu'il se développa pour l'ornementation d'édifices conçus dans des données inconnues jusqu'alors, et spécialement consacrés aux besoins de la société nouvelle : des basiliques, des thermes, des amphithéâtres, des palais. Ces constructions étaient généralement plus vastes, plus élevées que celles qui étaient en usage chez les Grecs; et la superposition des ordres ou séries de membres décoratifs, qui n'était peut-être pas entièrement inconnue à ces derniers, devint chez les Romains une pratique fréquente. En même temps les exigences d'un état social différent, combinées avec certains progrès de l'industrie des constructeurs, firent naître, ou du moins rendirent usuelles parmi les peuples de l'Italie, quelques combinaisons spéciales : l'arc en plein cintre par exemple, qui bientôt, se dégageant aussi de la structure proprement dite, fournit à son tour, comme l'avaient déjà fait la colonne et l'entablement, un nouvel élément aux arrangements purement décoratifs. D'un autre côté, les grands édifices entièrement fermés, qui semblent avoir été inconnus aux Grecs, donnaient une importance inusitée aux voûtes et nécessitaient la multiplication des ouvertures destinées à fournir de l'air et de la lumière aux vastes intérieurs. Ces vides et les pleins qui les accompagnaient devinrent eux-mêmes des motifs de décoration par leurs proportions et leurs rapports, aussi bien que par les ornements spéciaux qu'ils ne tardèrent pas à recevoir.

On voit quelles différences profondes séparaient l'architecture romaine de l'architecture grecque, malgré les relations intimes de filiation qui liaient l'une à l'autre. Entre l'architecture romaine et l'architecture moderne, unies par des rapports analogues, la distance des temps, la diversité des régimes devaient établir une différence peut-être plus grande encore. Des Romains aux peuples modernes, les idées générales, la religion, la police, sociale, les usages, tout a changé, tout, jusqu'au climat en quelque sorte, parce que la civilisation se déplaçant a quitté les chaudes régions du midi et de l'orient, pour remonter vers le nord et se porter à l'occident. Plus que jamais les édifices publics doivent, dans les nouvelles conditions qui leur sont faites, présenter une grande capacité, et fournir des abris entièrement clos, en ménageant cependant l'entrée de la lumière. A côté d'eux, les développements de la vie privée font naître dans des conditions nouvelles et multiplient les vastes constructions à l'usage des particuliers, les grandes maisons, les châteaux, les palais.

Dans les sociétés du moyen âge, l'architecture ogivale s'était trouvée en parfait accord avec ces nouveaux besoins, et avait dû certainement à cette circonstance son brillant développement ; elle lui avait dû surtout de s'identifier avec la religion qu'on y pratiquait, à ce point que l'art ogival nous semble plus qu'aucun autre capable de fournir un type vrai à l'Église chrétienne. Du moins l'autorité de la tradition, dont l'importance est très grande dans les questions d'art, en décide-t-elle ainsi, à peu près sans contestation, chez les peuples de l'Europe occidentale. En Italie et dans quelques autres contrées méridionales, il n'en est peut-être pas tout à fait de même, parce que l'architecture ogivale y a été moins cultivée, et que par conséquent elle ne s'y lie pas aussi étroitement qu'ailleurs aux souvenirs et aux usages religieux. Après le moyen âge la renaissance renoue la chaîne brisée des traditions de l'antiquité, et l'art moderne commence.

J'ai indiqué en deux mots à quelles circonstances principales l'architecture moderne a emprunté les caractères qui devaient constituer son originalité, en la distinguant profondément de l'architecture romaine et de l'architecture grecque. On ne saurait confondre sa physionomie avec celle de ses aînées. Après les grands traits déterminés par les conditions générales des édifices nouveaux civils et religieux, on y entrevoit une multitude de détails significatifs engendrés par les usages tout spéciaux auxquels ces édifices étaient consacrés, et par les dispositions particulières qui en résultaient : la multiplicité habituelle des étages; l'arrangement des ouvertures et des trumeaux; le mode d'établissement des toitures, des cheminées, des escaliers; enfin le système entier de la décoration intérieure. C'est dans les combinaisons nouvelles de distribution et d'ornementation de tous ces éléments, que l'architecture moderne devait trouver le champ particulier de son développement; c'est de là qu'elle devait recevoir en quelque sorte son cachet propre. La vue la plus superficielle en apprend assez à cet égard, et montre suffisamment que l'art moderne est en lui-même un art vraiment original; quoique, suivant les lois d'enchaînement qui lient entre eux tous les faits humains, il ne soit qu'une des phases, mais une phase complète et bien distincte, du long développement de l'art pratiqué au sein des nations européennes depuis les Grecs, qui, dans les limites de nos connaissances historiques, forment comme la tête de cette grande famille au point de vue des choses de l'esprit.

Il est impossible de faire ici l'histoire de l'architecture moderne. Il faudrait suivre ses premiers essais et assister en quelque sorte à son enfance dans la période proprement appelée de la renaissance; il faudrait décrire les églises et les palais de l'Italie, les châteaux, les hôtels de la France au XVI° et au XVII° siècles; il faudrait signaler les productions que recommande un goût pur et élevé, marquer les progrès, montrer ensuite les défaillances, les écarts de l'imagination, l'exagération, l'enflure, la puérilité qui en sont la suite; il faudrait enfin indiquer le rôle que jouent dans la période de décadence les artistes italiens dès le dix-septième siècle, et bientôt à leur tour les artistes français dans la première moitié du dix-huitième. Arrivé à ce dernier point on verrait l'art compromis par la recherche du nouveau à tout prix et l'introduction des combinaisons bizarres, par l'abandon des rapports rationnels entre les divers éléments de la structure et de la décoration, par l'effacement de la forme constitutive sous l'ornementation exagérée, par l'empiètement de la décoration pittoresque sur la décoration architectonique qu'elle vient masquer et parfois briser, par la confusion des détails et le caractère grêle et efféminé des membres de l'édifice; on verrait en un mot s'accentuer la perversion générale du goût.

Blondel lui-même, à ses débuts, ne put pas échapper complétement à l'influence pernicieuse qu'il allait bientôt combattre. Son premier ouvrage dont nous avons parlé précédemment, le Traité de la distribution et de la décoration des édifices publié en 1737 et 1738, en offre quelques traces. Dans les projets de décoration qu'il y propose, surtout pour l'intérieur des appartements, on rencontre quelques spécimens du style maniéré et contourné qui régnait alors. Mais tout à côté, on trouve aussi des conceptions d'un goût plus pur dans lesquelles on sent l'étude et comme l'inspiration des ordonnances régulières dessinées par les grands maîtres. Ce mélange donne à cette production de la première moitié du dix-huitième siècle à peu près le caractère des œuvres d'art du temps de Louis XVI, époque à laquelle la généralité des esprits s'était enfin prononcée contre les errements antérieurs, et était entrée dans la réaction salutaire que Blondel avait préconisée, et à laquelle il a contribué pour une grande part.

Cette heureuse tendance, qui devait chez Blondel se confirmer de plus en plus et s'accroître jusqu'à devenir une protestation formelle, est évidemment le résultat de ses études et de ses réflexions sur la théorie de son art. L'enseignement auquel il avait, dès 1740, commencé à se livrer dans son école des arts, et qu'il continua jusqu'à la fin de sa vie dans ses classes du Louvre, dut en favoriser le développement. Ces études, ces réflexions, ces leçons ont passé dans le cours d'architecture qu'il a publié à la fin de sa vie; c'est là surtout que nous pouvons en saisir aujourd'hui la trace.

II.

A la lecture des ouvrages de Blondel on reconnaît en lui, outre un caractère distingué, un esprit vraiment philosophique dans ses considérations générales, un goût sûr et éclairé dans ses jugements particuliers sur les choses de l'art. Ces qualités procédaient d'une intelligence heureusement douée et développée par une culture constante dont l'étendue dépassait de beaucoup les horizons plus resserrés, où on comprendrait qu'elle eût pu être enfermée par un homme voué à des occupations toutes spéciales. Ses travaux, ses réflexions sur son art avaient pour complément habituel la lecture, qu'il signale quelque part comme un des devoirs de l'honnête homme. Horace, Plutarque, Montesquieu, Buffon, voilà les auteurs qu'il pratiquait et qu'il recommande ; il savait quelles ressources on tire de la variété des études, et avec quelle facilité on y pourvoit par l'habitude de la lecture. De là les conseils qu'il donne sur ce point à ses élèves. Indépendamment des branches diverses des beaux-arts dont aucune ne doit rester étrangère à l'architecte, « les belles-lettres, » l'éloquence de la chaire, le barreau, le théâtre même l'éclaireront, » dit-il, sur une infinité d'objets relatifs à son art. » Quant à l'histoire, à la géographie, à la physique, aux sciences enfin, qui ne lui semblent pas être moins nécessaires à l'artiste, la lecture lui en livrera également les secrets. « Ce travail, dit Blondel, devient un véritable » agrément, et on parvient ainsi à préférer un jour l'étude à la frivolité des plaisirs bruyants et tumultueux. Au reste, ajoute-t-il, » ces diverses connaissances s'acquièrent pendant toute la vie. Les » plus grands hommes étudiaient encore lorsqu'ils ont produit leurs » chefs-d'œuvre. » On ne fait pas mieux l'éloge de la vie studieuse ; rien n'est plus capable qu'un pareil témoignage de recommander le caractère de Blondel.

J'ai parlé de la tournure philosophique de son esprit ; il la révèle en plus d'un endroit en touchant aux questions métaphysiques qui concernent l'art, son essence, ses lois, la manière dont il met en jeu nos facultés. Son essence, il la reconnaît dans les liens secrets qui unissent entre eux ses divers modes de manifestation ; dans l'harmonie et l'expression, qui appartiennent, dit-il, à l'architecture comme à la musique et à la poésie. Quant à sa loi fondamentale, il l'a devinée et

il la signale dans l'unité et les proportions que les anciens, il le fait
remarquer, avaient de bonne heure jugé devoir être comme la base
des œuvres qui en relèvent. Enfin il analyse avec sagacité le jeu de
nos facultés dans le domaine des arts, en appréciant les rôles différents qui y reviennent au raisonnement et au sentiment.

Le raisonnement donne ce qu'il appelle le goût acquis; quant au
sentiment, c'est le goût naturel lui-même, le goût par excellence.
« Chose réelle, dit-il, mais difficile à définir, le goût est le juge-né
» des beaux-arts, qui n'ont été réduits à des principes constants
» et positifs que pour lui plaire. Il n'est point factice; il est en nous
» et il peut se perfectionner. C'est comme un sentiment des règles
» mêmes que l'on ne connaît pas. C'est lui qui nous cause le plaisir
» que nous éprouvons à l'aspect d'un bon ouvrage. Quant au goût
» acquis, il procure aussi à l'âme des sensations dont l'esprit peut
» se rendre compte; et pour se perfectionner il a besoin du goût
» naturel. » Rapprochant ensuite les inspirations du goût des lois
de la nature, il dit : « La nature et le goût observent les mêmes
» règles : celles de la justesse et de la proportion qui produisent les
» beautés de convenance, d'harmonie et de symétrie. » Enfin il
montre comment le goût fait sortir l'art lui-même de l'observation de
la nature, en rappelant que celle-ci a été le premier modèle des
anciens, parmi lesquels « les Grecs, doués d'un heureux génie,
» avaient, dit-il, saisi avec justesse les traits essentiels qui la carac-
» térisent, et ne tardèrent pas à comprendre que devant elle il ne
» suffisait pas d'imiter, mais qu'il fallait encore choisir. »

Le goût naturel, le sentiment, fournit à l'artiste l'inspiration première; mais la raison, d'où procède le goût acquis, lui donne en
quelque sorte la règle modératrice qui doit le guider ensuite. C'est
ce que Blondel marque en vingt endroits, où il recommande avec
insistance la logique dans la pratique de l'art, c'est-à-dire le contrôle
et la direction du goût par le raisonnement, seul moyen de reconnaître les écarts du sentiment, lequel est susceptible d'être perverti
par l'erreur, comme il est capable d'être perfectionné par l'éducation.
C'est sur ce fondement solide que Blondel réformateur s'appuyait
pour protester contre les caprices de la mode, et pour rappeler « la
» logique de l'art mise en usage par les anciens architectes, et qu'il
» était, disait-il, important de rétablir. »

Je n'insisterai pas sur les considérations philosophiques par lesquelles Blondel éclairait les parties les plus élevées de son ensei-

gnement. Je ne m'y suis arrêté un instant que pour indiquer les qualités distinguées de son esprit, pour montrer surtout à quelle source il prenait son inspiration, et sur quelles bases il établissait l'autorité de ses doctrines. Maintenant c'est dans le domaine propre de l'art qu'il cultivait spécialement que je veux l'observer. Je laisse le philosophe, j'arrive à l'architecte.

Sans méconnaître le rôle considérable dévolu pendant le moyen-âge à l'architecture ogivale, Blondel n'hésitait pas à la mettre en dehors de l'enchaînement qui rattache l'antiquité aux âges modernes, dans l'ordre des faits auxquels elle appartient. Il regardait son règne comme une interruption dans la suite des traditions d'où relevait légitimement l'art de son temps. C'est aux anciens eux-mêmes qu'il allait directement demander des inspirations et des modèles. Le goût antique, il le dit en maint passage, doit être le régulateur du goût moderne. Blondel était, au reste, d'accord avec le savant d'Agincourt quand il établissait que l'art si parfait de l'antiquité avait commencé à décliner dès les premiers temps de l'Empire et avait bientôt complétement disparu, jusqu'à ce que, vers la fin du XVe siècle, il eût été en quelque sorte ressuscité en Italie par l'étude de ce qu'avaient laissé de plus excellent les anciens monuments.

Voilà les sources auxquelles le génie moderne devait, suivant lui, puiser ses inspirations. Mais s'il entendait lui donner un guide, il prétendait cependant ne pas l'asservir, et il reconnaissait son droit à une certaine originalité dans l'invention d'un art qui lui fût vraiment propre. Il étudiait l'architecture antique, mais il pratiquait l'architecture moderne. Écoutez ses paroles : « La différence de nos mœurs, de notre
» religion, de notre politique, de nos climats, de nos matériaux,
» semblent nous avoir forcés à créer, pour ainsi dire, un nouvel art
» pour élever des édifices relatifs à nos besoins. C'est pourquoi il
» serait peut-être déraisonnable de vouloir aujourd'hui élever chez
» nous des édifices précisément dans le goût de l'antique. Une pareille
» imitation serait presqu'une censure de nos productions... » Cette manière d'envisager les choses est très juste assurément. Peut-être cependant Blondel resserre-t-il encore un peu trop la liberté des modernes vis-à-vis des anciens, quand il ajoute : « On a tout tenté,
» il ne s'agit plus que de chercher à approprier à nos besoins ce que
» nos prédécesseurs ont produit d'estimable. »

On blâmera sans doute les restrictions que Blondel semble apporter ainsi à l'indépendance qu'il conseille ailleurs aux artistes modernes.

Mais il ne faut pas oublier le rôle de modérateur qu'il avait adopté en face de la licence, ni se méprendre sur la signification de la réserve qu'il était, à cause de cela, forcé d'observer, même en excitant à un essor indispensable l'art qu'il voulait régénérer. Il prononce le mot de liberté ; il le fait, sans doute, avec beaucoup de mesure, mais le peu qu'il en dit montre suffisamment, eu égard aux circonstances, ce qu'au fond il en pensait.

Incontestablement jaloux d'assurer l'indépendance de l'art, Blondel n'est pas moins soigneux à protéger celle de l'artiste. Il insiste, il est vrai, sans cesse sur l'étude des maîtres, et il a passé sa vie à déduire de l'observation de leurs ouvrages les plus accrédités les préceptes d'une sage pratique, mais il se refuse cependant à enchaîner la liberté de l'architecte dans la stricte observation d'une sorte de code rigoureux des lois de l'art. Les fréquents encouragements qu'il donne à l'usage du sentiment et de la raison seraient des garants suffisants du caractère libéral de sa doctrine. Mais outre cela, en maint passage il déclare hautement que les formules qu'il propose n'ont rien d'absolu. « Suivez les règles, écrit-il, mais évitez la servitude. » Il engage à consulter dans la pratique les convenances spéciales de chaque cas particulier, et il recommande enfin la liberté du style comme la marque de l'aisance dans la conception, et de l'absence d'effort ou de recherche, « par où il semblera, dit-il, que dans » la composition tout résulte naturellement des conséquences lo- » giques fournies par les données du sujet. » En même temps cependant il prescrit la modération dans l'usage de cette liberté, et en disant que les plus grands architectes se sont permis certaines licences, il rappelle qu'elles ne sont supportables qu'à la condition d'offrir un caractère d'originalité, qui nécessairement dégénère entre les mains des copistes, et il déclare que prendre inconsidérément pour des autorités les exemples qu'on en trouve, sans avoir les mêmes besoins, « c'est ne plus présenter que des compo- » sitions imparfaites et désassorties ; car, dit-il, il ne suffit pas de » faire ce que les autres ont fait, il faut réfléchir à ce qu'on doit » imiter. »

Mais ce n'était pas assez d'assurer la liberté de l'art moderne vis-à-vis de l'art antique, ni celle de l'artiste vis-à-vis des préceptes et des modèles fournis par les maîtres. Ailleurs était le péril le plus redoutable pour l'indépendance de l'un et de l'autre. Blondel le signale sans relâche, c'est à l'odieuse tyrannie de la mode qu'il veut

les arracher tous les deux. La mode, suivant lui, avait, depuis le commencement du siècle, fait perdre à l'art ses vraies beautés. « Sous
» l'empire de ses caprices, l'architecture est, disait-il, aujourd'hui
» massive sans motif, demain légère sans objet, grave sans nécessité,
» simple sans convenance, mais seulement parce que c'est le ton du
» jour, et sans autre raison déterminée de la part de l'ordonnateur,
» que ses caprices ou ses doutes sur les règles de l'art. La mode,
» ajoutait-il, est le tyran du goût et le partage des artistes subal-
» ternes. Malheureusement, disait-il encore, ce sont ceux-ci qui,
» se trouvant en plus grand nombre, contribuent par leur exemple
» à détruire ou au moins à éloigner nos jeunes élèves de l'imitation
» des chefs-d'œuvre des anciens, et de ce qu'ont fait de meilleur
» les modernes. »

Dans l'influence de la mode était donc le vrai péril, et il fallait une réaction vigoureuse pour en débarrasser l'architecture. Il y allait du salut comme de la dignité de l'art. « Le goût acquis, » dit Blondel, et il ne faut pas oublier qu'il désigne ainsi le sentiment raisonné ou la science, « le goût acquis exclut toute espèce de mode dans l'archi-
» tecture, comme un obstacle à sa perfection et à ses progrès. C'est
» la mode, ce tyran du goût, qui a fait varier à l'infini la forme des
» ornements, les a fait placer sans discernement et a fait employer
» jusqu'à l'excès ce mélange confus de lignes sinueuses et de lignes
» droites, écarts d'autant plus dangereux qu'ils ont eu des imitateurs
» pires que leurs modèles. » Il en appelle ensuite au goût naturel, dont l'effet doit être « de nous ramener par la voie du sentiment aux
» premiers préceptes de l'art, et de réclamer contre tout ce que la
» vraisemblance et l'esprit de convenance désavouent. »

Malheureusement la déviation avait été si grande que des artistes considérables eux-mêmes s'y étaient laissé entraîner. C'est contre la dangereuse autorité de leurs exemples qu'il fallait surtout s'élever. Blondel ne craint pas de signaler leurs fautes avec fermeté et franchise ; il cite et les hommes et les œuvres, et il le fait sans faux ménagements. « Ces vérités, quoique impartiales, sont dures sans doute, » dit-il à cette occasion, « mais on ne doit pas s'attendre à ne trouver
» que des éloges dans un ouvrage tel que celui-ci, parce que si le
» jeune artiste n'apprend de bonne heure à connaître les défauts, il
» deviendra incapable d'imiter les beautés de l'art. Il y a plusieurs
» années, ajoute Blondel, il semblait que notre siècle était celui des
» rocailles ; le goût grec nous paraissait froid, monotone ; longtemps

» le genre des Cuvilier, des Lajoue a été préféré aux productions des
» Mansart et des Perrault ; les tableaux des Watteau ont été subs-
» titués aux chefs-d'œuvre des Lebrun. Il ne nous reste plus qu'à
» introduire le goût gothique dans notre architecture, et peut-être
» n'en sommes-nous pas éloignés. »

Ces derniers mots de Blondel ne doivent pas être pris comme une pro-
phétie ; il était loin de prévoir, assurément, le retour qui, un demi-
siècle après lui, devait ramener les esprits à une juste admiration pour
l'art éminemment religieux du moyen-âge. Blondel ici prononce du
ton pur et simple de la réprobation le nom de l'architecture gothique.
L'appréciant ailleurs avec plus de détails il lui reproche l'apparent
désordre de ses ordonnances, la confusion et le mauvais goût de ses ornements. Il ignorait les mystères de sa signification symbolique ; et quand
il comparait à la simplicité, à la clarté des agencements de l'architecture
antique les capricieuses combinaisons de la gothique la plus ingénieuse, comme il le dit, il lui semblait que seule « la première, plus
» régulière et plus conséquente, occupe l'âme sans partager l'atten-
» tion, et ne laisse pas cependant d'être susceptible de variété. Ce
» n'est pas, » ajoutait-il en parlant des constructeurs du moyen-âge,
« que, s'ils eussent montré plus de choix dans leurs ordonnances,
» et surtout plus de goût dans leurs ornements, ils n'eussent mérité
» d'être imités par leurs successeurs ; mais leurs productions sont
» presque toujours une sorte d'énigme pour l'œil qui les examine ;
» en sorte que le spectateur se trouve embarrassé pour en démêler
» les beautés ; défaut qui certainement ne se rencontre pas dans
» l'architecture des Grecs et des Romains. Ce n'est pas, dit-il encore,
» que nous prétendions blâmer tous les ouvrages gothiques ; c'est
» de leur décoration seule que nous entendons parler ; nous rendons
» justice à leur ingénieuse structure, à certaines parties de leur
» disposition, et à leur forme presque toujours pyramidale, que la
» plupart du temps nous saisissons mal, ce qui ne nous fait pro-
» duire en ce genre que de mauvaises imitations. »

Ce dernier passage fait honneur à la sincérité de Blondel. Il montre
qu'en présence de la réprobation générale, poussée jusqu'au dédain,
pour un art qu'on regardait alors comme le produit de la barbarie,
il n'hésitait pas à mettre, en partie au moins, cette disposition sur
le compte d'une ignorance dont il s'accuse lui-même. Il allait plus
loin ; il avouait le secret instinct qui lui faisait deviner, malgré les
plus aveugles préventions, le mérite réel de cette architecture ogivale,

devant laquelle il se sentait impressionné comme par l'évidence irré-
sistible d'une vérité. Il y avait de sa part quelque mérite à démêler
en lui-même ce sentiment ; il y avait de la hardiesse à oser le procla-
mer au milieu du dix-huitième siècle, dans une école où tous les
efforts étaient dirigés vers la réhabilitation du goût de la pure antiquité. Encore une fois, c'est là un trait de sincérité dont il faut
tenir compte à Blondel. « Combien de monuments de la première
» beauté quoique gothiques ! » s'écrie-t-il avec élan. Et il ne peut
s'empêcher d'admirer ces églises, « dont la grandeur » ce sont ses
propres paroles, « est surprenante, aussi bien que leur solidité et
» la délicatesse de leur architecture singulière. La cathédrale de
» Paris, ajoute-t-il, présente un ensemble intéressant et une di-
» mension si heureuse qu'il serait peut-être plus utile qu'on ne
» se l'imagine d'en saisir l'ensemble lorsqu'il s'agit de composer
» un monument de cette espèce ; car on ne peut disconvenir que
» les formes générales des monuments gothiques, leur structure, leur
» grande hauteur, leur étendue et les rapports que les architectes
» de ces monuments ont observés entre le tout et les parties, ne
» nous causent autant de plaisir que de surprise, et ne nous donnent
» une idée de la sublimité du motif qui les faisait élever. Les églises
» gothiques, quoiqu'on en dise, n'ont rien de vulgaire, et, imitation
» pour imitation, il serait peut-être intéressant de conserver, surtout
» dans les métropoles, ce caractère d'originalité qui les empêcherait
» de ressembler à nos édifices d'habitation, comme cela se remarque
» trop souvent dans nos églises modernes. »
Nous l'avons déjà dit, il existe pour nous une relation intime
entre l'architecture ogivale et la religion. Ce sentiment trouve
certainement une de ses causes dans l'autorité de l'usage et de la
tradition, mais peut-être est-il dû aussi au rapport mystérieux qui
rattache la forme à l'idée ; peut-être ce qui en décide est-il le caractère sacré lui-même qui animerait l'une comme il inspire l'autre, et qui les marquerait toutes les deux d'une commune empreinte.
« Qu'on y prenne garde, » disait Blondel sous le coup de cette impression, « certaines églises gothiques portent cette empreinte.
» Une grande hauteur de voûte qui n'a rien de vulgaire, des nefs,
» des bas-côtés spacieux, une lumière modérée et analogue aux mys-
» tères, des façades élevées et pyramidales, une symétrie intérieure
» dans les côtés respectifs, enfin des dimensions qui annoncent des
» préceptes suivis, quoiqu'ils nous soient pour la plupart inconnus,

» sont autant de beautés qu'on remarque dans quelques ouvrages de
ᴅ ce genre, et qui devraient au moins nous servir de modèles pour
» la structure de nos temples. » Remarquables aveux arrachés par
la force de la vérité à la franchise de Blondel. Ne semble-t-il pas
qu'il va copier nos églises ogivales? Non, Blondel faisait de l'architecture
moderne; il ne pouvait pas penser à copier l'architecture du moyen-
âge; celle même de l'antiquité n'était pour lui l'objet que d'un travail
d'inspiration ou d'appropriation plutôt que d'imitation. Il demandait
aux Grecs et aux Romains certaines pratiques applicables à son art. Le
sentiment vrai de la valeur des églises ogivales lui suggérait la pensée
de faire de même à leur égard. « Peut-être, dit-il, serait-il bien de
ᴅ se rapprocher de leur genre lorsqu'il s'agit de la construction
ᴅ de nos temples; peut-être suffirait-il de changer le style de leur
» ordonnance en y conservant d'ailleurs tout ce qui paraît tenir
ᴅ au genre sacré. » Dans un autre passage il indique avec plus
de précision ses vues à cet égard; l'élévation des nefs, la suppression
de la plus grande partie des entablements lui semblent des traits
propres à donner à l'édifice une légèreté et une élégance analogues
à celles des églises gothiques; les colonnes de la nef, dans ces
combinaisons nouvelles, supporteraient seulement des fragments d'entablement recevant, en guise d'impostes, la retombée des arcs.
« Nous en avons vu, ajoute-il, des exemples en Flandre et dans
» le pays messin; il ne leur manquerait peut-être qu'un meilleur
» goût pour réussir au gré des vrais connaisseurs. »

L'attention que Blondel accorde à l'architecture ogivale, malgré
les préjugés de son temps, est-elle un premier pas vers la réhabilitation de cet art si injustement décrié alors? Les vues qu'il manifeste à
son occasion pourraient bien n'avoir pas été étrangères aux études
plus précises que fit bientôt sur le même sujet le continuateur de sa
doctrine, l'architecte Patte, qui a donné après lui les deux derniers
volumes de son cours, et qui y expose de remarquables appréciations
sur les constructions ogivales, et des observations pleines de justesse
sur l'établissement de leurs principales parties.

Je signalais tout à l'heure l'action réformatrice de Blondel sur
l'architecture de son temps, lorsque rencontrant dans un de ses
jugements le nom du gothique, je me suis arrêté pour indiquer en
passant les réflexions que lui suggérait la vue de nos anciennes églises
ogivales. Je reviens à l'objet principal de ses études, à l'architecture
moderne, dont il avait reconnu avec sagacité l'origine, le caractère

et le but ; marquant son origine dans les liens de filiation qui la rattachent à l'art antique, son caractère dans les profondes différences qui l'en distinguent, son but dans la satisfaction qu'elle a pour mission de donner à nos idées, à nos mœurs, à nos besoins.

Je ne saurais entrer dans le détail complet des doctrines architectoniques de Blondel. Je ne puis que toucher ici les généralités et noter , en passant , quelques points particuliers. Ses vues sur la pratique de l'art sont aussi élevées que doivent le faire supposer les qualités et l'intelligente culture de son esprit. « N'oubliez pas, » dit-il à ses élèves, que dans la décoration des édifices, l'architecture » ne doit jamais abandonner le premier rang, et qu'il lui appartient » de donner le ton à toutes les productions des arts qu'elle s'associe. » Tout ornement qui n'est qu'ornement est de trop. » Il assigne ainsi indirectement à la sculpture et à la peinture leur rôle véritable dans la décoration monumentale, et, en signalant la condition secondaire d'où il ne leur permet pas de sortir, il montre l'influence prépondérante qui est la part de l'architecture dans les vicissitudes des arts de la forme.

A côté des nombreux préceptes qu'il donne sur les délicatesses de la composition et les finesses de l'exécution, Blondel ne néglige pas les grands traits de l'invention architecturale. Là sont les secrets les plus élevés de l'art : c'est l'accord et la liaison de ce qui constitue la structure avec ce qui regarde la distribution et la décoration ; c'est la relation si nécessaire des dehors avec les dedans ; c'est le caractère d'unité qui doit planer sur l'œuvre tout entière, et cette harmonie générale qui, sans avoir besoin d'être démêlée par l'analyse, frappe nécessairement l'esprit même inattentif ; c'est encore, dans ce qui concerne spécialement la décoration, la parfaite concordance de ses divers éléments et leur concours à l'effet général par l'uniformité de leur expression ; c'est enfin tout ce qui tend à établir entre les diverses parties de l'ensemble l'intime solidarité qui en fait un seul corps, et sur laquelle Blondel insiste avec raison en toute occasion. Il n'est pas moins pressant quand il recommande le style comme la poésie en quelque sorte de l'architecture, et comme un des premiers mérites de l'art. Il le place notamment, dans le choix judicieux du système décoratif le mieux approprié au caractère de chaque genre d'édifice, point essentiel, un de ceux, dit-il, auxquels il est le plus nécessaire de s'attacher dans une composition.

Descendant aux questions particulières de décoration qui sont comme l'âme de l'architecture, Blondel recommande de ne pas s'arrêter dans la conception d'un plan aux beautés de détail, mais de considérer d'abord celles des grandes parties et des masses ; il engage à viser au grand et au simple, sans perdre de vue les convenances qui prescrivent un caractère différent de décoration suivant la nature de l'édifice, public ou privé, religieux ou civil ; il conseille de rejeter les proportions gigantesques et les ordonnances colossales qu'il ne permet que dans les édifices sacrés, d'éviter une abondance d'où peut résulter la confusion, de ne pas multiplier sans raison les membres de la décoration et les ornements, d'écarter ceux qui sont sans motif, de chercher l'élégance dans les profils, de ne sacrifier qu'avec discernement et mesure la simplicité à une richesse quelquefois nécessaire, d'être exact dans les conceptions en éloignant avec soin tout ce qui aurait besoin d'excuse ; il rappelle enfin qu'un architecte ne cause pas impunément de l'embarras au spectateur, et que la régularité et la symétrie qui forment les principales beautés de l'édifice dédommagent amplement de la simplicité au prix de laquelle on les obtient ordinairement. La régularité et la symétrie, dit-il à cette occasion, sont les qualités qui trouveront le plus facilement des appréciateurs ; tout le monde peut décider de ce qui les concerne, « mais il n'y a qu'un petit nombre de personnes qui » jugent avec discernement des autres parties de l'architecture. »

J'omettrais un des points importants de l'œuvre théorique de Blondel si je ne mentionnais pas, au moins en quelques mots, ses travaux sur les ordres décoratifs. L'ordre, cette combinaison si heureuse des éléments primitifs de la structure : la colonne avec le soubassement qu'elle surmonte et l'entablement qu'elle supporte ; l'ordre, qui est comme la réalisation la plus simple des lois de l'harmonie dans le domaine de la forme architecturale ; l'ordre, trouvé à l'origine de l'art par les Grecs, qui, après en avoir fixé les premières règles, l'ont transmis aux Romains, puis aux modernes, comme le motif élémentaire et la source de toute décoration en architecture ; l'ordre est le champ naturel des études les plus propres à former la science et le goût de l'artiste. « C'est dans l'étude » des ordres, dit Blondel, que les grands hommes qui nous ont » précédés ont, comme dans une source féconde, puisé le germe des » chefs-d'œuvres qu'ils ont produits. »

De tout temps, les efforts des plus purs esprits ont tendu à perfectionner les proportions des éléments constitutifs de l'ordre. Cette recherche est, il est vrai, tout empirique, et on ne doit pas s'étonner des variations incessantes qu'on observe dans ses résultats. Cependant, il faut le reconnaître, ces variations sont généralement renfermées dans des limites assez resserrées. Tous les grands architectes du seizième et du dix-septième siècle ont successivement produit leurs canons, en combinant les données très-variées fournies par les monuments et les préceptes de l'antiquité, avec ce que leur propre goût et leur raison leur paraissaient recommander. Blondel, à son tour, examine, discute et fixe des règles ; mais en même temps il proclame le droit de l'artiste à jouir sur ce point d'une liberté qu'il soumet seulement à quelques restrictions : comme celle par exemple de ne modifier qu'avec une extrême réserve le rapport de la hauteur de la colonne à son diamètre, sous peine de la priver de sa beauté et de son caractère. Du reste, il indique succinctement de quelle manière il entend qu'on en use à cet égard, lorsqu'il rappelle qu'en maniant l'ordre architectural, il ne faut jamais perdre de vue son origine et sa signification, afin de bien reconnaître, suivant l'application qu'on veut en faire, si c'est avec la physiouomie spéciale qui lui est propre, ou bien avec quelque modification tendant soit à le simplifier, soit à l'enrichir, qu'il convient de l'employer. Il ajoute que ces changements peuvent être féconds en résultats, et qu'ils sont peut-être propres à fournir des signes distinctifs susceptibles de caractériser le genre de l'édifice, ce qui serait un des objets les plus sérieux qu'on pût se proposer dans les combinaisons de la décoration.

Blondel croit convenable que les ordres ne soient employés qu'à la décoration des monuments de quelqu'importance, à celle par exemple des édifices publics ; il les interdit dans l'ornementation des maisons privées, où la distribution et la multiplicité des étages en rend l'emploi difficile, et où il n'admet que ce qu'il appelle leur expression. En traitant de ce qui les concerne, il blâme une combinaison connue de l'antiquité et fort usitée chez les modernes, pour la décoration des surfaces très élevées d'édifices devenus considérables ; il se prononce contre la superposition en étages des ordres différents. Il fonde son opinion à cet égard sur la considération du caractère varié des divers ordres, et sur l'atteinte que leur mélange portera suivant lui à l'unité de l'ensemble décoratif où on les aura réunis. Son sentiment sur ce point peut sembler exagéré, et il y a plus de fondement dans la remarque qu'il fait en outre à cette occasion, que les différences dans les proportions en largeur de chaque ordre particulier forment un obstacle à ce que leur superposition puisse se faire régulièrement sans altérer d'une manière plus ou moins grave leurs dispositions constitutives. Il dit aussi que c'est peut-être une erreur de les admettre là où la colonne n'a pas un certain diamètre et par conséquent une certaine hauteur. Il conseille enfin l'emploi de l'ordre unique dans les façades. Mais en même temps il ne veut pas que le nombre des étages vienne contrarier celui des grandes subdivisions de l'ordonnance, et il n'en permet que deux, à la décoration desquels doivent s'appliquer le soubassement d'une part, la colonne avec l'entablement de l'autre. Tout au plus en tolère-t-il quelquefois un troisième décoré, au-dessus des deux autres, au moyen d'une ordonnance attique. Il condamne au reste, je l'ai déjà dit, les proportions gigantesques et n'autorise l'ordre colossal que dans la décoration des monuments religieux. Ces restrictions rendent l'emploi des ordres d'architecture très-difficile et même impossible dans beaucoup de cas. Blondel, qui les proposait aux autres, n'a pas hésité à se les imposer à lui-même. C'est ce qui donne à ses compositions un caractère de simplicité qui peut paraître excessif quelquefois, mais qui n'est pas sans un certain charme d'austérité.

La propension de Blondel aux combinaisons sévères, propension conforme à ses dispositions naturelles sans doute, mais peut-être aussi augmentée encore par l'entraînement de son rôle de réformateur, explique le développement qu'il a donné dans le corps de ses études à un point spécial que je ne puis passer sous silence à cause de ses rapports étroits avec les grands travaux de Metz à l'appréciation desquels je veux arriver. Cette étude spéciale est celle que Blondel a faite de l'ordre dorique. Cet ordre primitif des anciens Grecs, qui nous en ont laissé les admirables spécimens dans leurs plus beaux monuments, cet ordre qui, arrivé à la perfection, accuse encore dans le naïf agencement de ses éléments la saine logique de l'invention première; cet ordre si simple, si vrai, si sévère et si beau, devait naturellement séduire l'esprit et captiver l'attention de Blondel.

Il ne pouvait pas être question, cela n'a pas besoin d'être dit, d'introduire dans l'architecture moderne le dorien archaïque des temples de Sélinonte, d'Agrigente ou de Pestum, ni même celui du Parthénon. Ce type excellent avait au reste déjà subi de profondes modifications en passant dans l'architecture romaine. Les modernes, pour en faire un utile emploi, devaient à leur tour s'en rendre maîtres et l'assouplir à leurs usages. Tous les grands architectes du seizième et du dix-septième siècle s'y étaient appliqués; cependant certaines parties du problème n'étaient pas encore résolues quand Blondel le saisit à son tour. Pour se rendre compte, comme il convient de le faire ici, de ses travaux sur ce sujet, il faut entrer dans quelques détails techniques.

L'ordre dorique, la première et la plus belle invention architecturale des Grecs, emprunte, je l'ai déjà rappelé, ses éléments décoratifs aux lois elles-mêmes de la structure. La logique de sa composition explique sa beauté : c'est le type primitif d'où les autres ordres devaient sortir par de simples modifications de détails. Une colonne sans base, au fût pyramidal orné de cannelures larges et peu profondes, avec un chapiteau très-saillant composé d'un tore écrasé sous un tailloir aplati, puis un entablement dans la frise duquel les triglyphes se montrent au-dessus de l'architrave, comme les extrémités des solives du plafond, séparés les uns des autres par des espacements réguliers aussi larges que hauts formant les métopes, le tout couronné par une corniche vigoureuse composée d'un petit nombre d'éléments très-simples et portée sur des mutules ; voilà la vieille ordonnance dorique des temples de l'ancienne Grèce.

En s'appropriant cet ordre primitif, les Romains l'avaient déjà beaucoup modifié. Dans leurs mains la colonne avait acquis une base et s'était même quelquefois élevée sur un soubassement régulier ; le fût, en se rapprochant de la forme cylindrique, avait perdu dans quelques cas ses cannelures, ou bien en avait reçu parfois de plus serrées et plus profondément gravées ; le chapiteau, en faisant rentrer la saillie de son profil, avait pris un caractère plus svelte. Quant à l'entablement, il avait conservé ses principaux éléments ; mais dans quelques circonstances les difficultés d'agencement résultant des modifications apportées aux entre-colonnements, avaient fait supprimer les membres les plus significatifs de sa décoration : les triglyphes et les métopes avaient parfois disparu de sa frise ; et la corniche perdant en même temps les mutules, avait reçu en échange pour ornementation une rangée de denticules. On avait obtenu ainsi l'entablement denticulaire plus facile à traiter que l'ancien entablement à mutules. Je ne parle pas des petits changements apportés, dans des termes très-variés, aux proportions des divers éléments de l'ordonnance. Après les Romains, les modernes à leur tour en avaient proposé un grand nombre.

Chez les Romains les principales modifications de l'ordre dorique avaient eu pour cause des rapports nouveaux d'espacement entre les colonnes. Ces dispositions particulières procédaient de la nature spéciale des édifices qu'ils construisaient dans des conditions précédemment inusitées. Chez les modernes aussi, d'autres mœurs, d'autres édifices devaient encore apporter des changements à l'emploi des membres de l'architecture. Ces changements en quelque sorte nécessaires auraient pu amener dans l'ordre dorique la substitution définitive de l'entablement denticulaire à l'entablement mutulaire primitif, si les grands artistes de l'Italie et de la France, frappés avec raison du caractère de mâle beauté de ce dernier, ne s'étaient comme à l'envi appliqués à le conserver, malgré les difficultés qu'il présentait, et à se l'approprier en le modifiant. Les mutules y semblaient particulièrement nécessaires pour soutenir la saillie du larmier qui est considérable et vraiment caractéristique dans cet ordre. Palladio, Vignole, Delorme, Bullant, de Brosse, Mansart, Levau, Bruant, d'autres encore avaient imaginé des proportions et des combinaisons nouvelles. Pour ne parler que de celles-ci, les uns supprimant les métopes régulières, réduisaient les triglyphes à ceux qui surmontent les colonnes et n'en plaçaient pas au-dessus des entre-colonnements; les autres mêlaient aux métopes carrées des métopes oblongues; dans certains cas ils réservaient les mutules aux seuls avant-corps, et leur substituaient les denticules sur les arrière-corps; ou bien dans ces mêmes dispositions, soutenant la corniche par des parties de mutule dans les angles rentrants, ils lui refusaient cet appui sur les angles saillants.

Ces licences faisaient dire à Blondel que le dorique n'avait été qu'imparfaitement employé par nos grands architectes français. Il voulait pour y rétablir la sévère beauté de l'ordonnance, détacher d'abord franchement les membres les uns des autres, supprimer les moindres, et donner à ceux qu'il conservait un relief capable d'assurer l'expression virile nécessaire à un ordre qui, suivant lui, était surtout convenable pour la décoration des dehors de nos bâtiments, et devait, à cause de cela, se composer exclusivement de grandes parties. Je n'entre pas dans le détail des calculs et des combinaisons délicates de son travail. Il discute avec soin dans son traité tous les points de la question, et en donne la solution exprimée par des chiffres exacts et par des figures dessinées avec précision.

D'un autre côté, parmi les changements apportés aux dispositions anciennes par les usages nouveaux, il faut mentionner comme un des plus notables l'accouplement des colonnes. A peu près inconnue aux Grecs, peu usitée chez les Romains, qui en ont laissé cependant quelques exemples, cette pratique était devenue très ordinaire chez les modernes, à qui elle avait paru propre à introduire plus de variété dans l'ordonnance des façades, à procurer une plus grande apparence de solidité aux angles des avant-corps, et à permettre, dans beaucoup de cas, d'élargir considérablement les entre-colonnements pour donner de l'espace aux ouvertures de tous genres nécessaires à leurs édifices. « Ce n'est pas, dit Blondel, que nous » voulions blâmer l'espacement des colonnes des édifices antiques dont » la disposition et la symétrie continue produisaient le plus grand » effet, mais cette manière, quelque intéressante qu'elle soit, s'ajuste » difficilement avec la relation que nous cherchons à mettre entre » l'extérieur et l'intérieur de nos édifices. » Blondel avait ainsi rencontré dans ses études la question de l'accouplement des colonnes. Il avait beaucoup travaillé ce problème à peine posé par les anciens et non encore résolu chez les modernes, et il semble avoir réussi, à force de persévérance, à triompher des difficultés très-réelles qu'il présentait particulièrement dans l'ordre dorique. Il fallait obtenir des métopes régulières sans supprimer les triglyphes des entre-colonnements, sans faire pénétrer ni les bases ni les chapiteaux, sans diminuer la saillie de leur profil, et sans donner à la frise une hauteur exagérée qui eût entraîné celle de la colonne ; car tout cela se tient, parce que le diamètre de celle-ci est la dimension génératrice de l'ordonnance entière.

Les prédécesseurs de Blondel avaient échoué dans cette entreprise. Jacques de Brosse, au portail de Saint-Gervais et au Luxembourg, avait admis indistinctement les formes carrées et les formes oblongues dans ses métopes. Fr. Mansart, au portail des Minimes et au château de Maisons, avait obtenu des métopes carrées et régulières, mais en faisant pénétrer les unes dans les autres les bases et les chapiteaux. L. Bruant, au frontispice du bureau des marchands, n'avait évité ce dernier inconvénient qu'en faisant rentrer les profils de ses bases par l'amincissement inférieur des colonnes dont le fût se trouvait dès lors renflé avec excès. L. Levau, au portique de la cour royale de Vincennes, avait conservé les écartements convenables, mais pour avoir des métopes carrées il avait dû augmenter la hauteur de sa frise et par conséquent aussi celle de sa colonne qui était devenue trop grêle pour le caractère de fermeté de l'ordre dorique. La solution de

Blondel passe entre tous ces écueils par d'habiles combinaisons dans les proportions des divers éléments de l'ordonnance.

Blondel donne en outre un soin tout particulier à l'étude de cet accouplement des colonnes doriques dans les angles rentrants-formés par les avant-corps ; et il propose deux solutions du problème, dont la difficulté gît encore dans la distribution régulière des métopes, des triglyphes et des mutules. La question de l'espacement de ces membres d'architecture dans les entre-colonnements est aussi résolue par lui dans son travail sur le dessin du portique, où ses propositions les plus heureuses consistent à asseoir la colonne sur un socle sans moulures et à l'adosser non pas directement au pied-droit de l'arcade, mais à une alette qui encadre celle-ci et sauve la légèreté de la figure tout en permettant de développer autant qu'il est nécessaire les parties qui composent le pilier, et de donner en même temps de bonnes proportions à l'ouverture de la baie qu'il accompagne. Quant au socle, son avantage est d'assurer une certaine virilité à l'ordonnance en évitant l'amoindrissement de ses proportions que pourrait entraîner l'emploi du piédestal, ou bien leur exagération dans un sens presque colossal qui résulterait de la suppression absolue de ce dernier. Le socle introduit un moyen terme entre ces deux excès.

J'ai osé entrer dans ces détails minutieux sur les travaux que Blondel a consacrés à l'ordre dorique, au risque de réduire peut-être aux yeux de quelques-uns l'importance de son œuvre. Sont-ce là, dira-t-on, les graves sujets d'étude d'un esprit élevé? Quoi, la hauteur d'un entablement, la largeur d'une métope, la substitution d'un socle à un piédestal, ce sont là les grands secrets de l'architecture?

Oui, la beauté, l'harmonie dans les œuvres de l'art sont au prix de ces combinaisons délicates. Demandez aux maîtres de la peinture comment ils obtiennent pour leurs meilleures pages ces grandes qualités. Après les puissantes inspirations de l'imagination qui sont la part du génie, et à côté des ressources de l'imitation que règle une science particulière, c'est le travail patient de la composition qui les leur livre ; c'est, pour ne parler que du dessin, la distribution et l'arrangement des groupes, l'étude des relations de tout genre entre les parties, la recherche de leur équilibre, le développement ou le rétrécissement des masses, le mouvement des profils. Dans ces combinaisons variées, la modification la plus minime en apparence détermine quelquefois d'une manière décisive la valeur d'un rapport et l'exactitude d'une proportion d'où naîtront dans l'œuvre l'harmonie et la beauté. C'est avec la craie qu'on fait les tableaux, ai-je entendu dire à un grand peintre (1). En effet, serrer de plus en plus la forme au milieu des traits confus qui l'embrassent; poursuivre le contour fugitif parmi les lignes incertaines qu'on fait jouer autour de lui; repousser d'un côté, faire rentrer de l'autre; ôter, remettre, effacer pour recommencer, jusqu'à ce que l'œil se déclare satisfait, tel est le procédé de l'artiste devant sa toile. C'est aussi celui de l'architecte. Pour lui le problème à résoudre est le même; mais pour lui la solution en est compliquée de la nécessité de faire, la règle et le compas à la main, les recherches minutieuses qu'elle exige. Pour l'architecte, en un mot, le champ de l'invention est resserré dans les limites rigoureuses des formes géométriques; sa tâche peut paraître impossible, elle exige l'union du calcul à la fantaisie.

III.

Jusqu'ici j'ai essayé, dans ce que j'ai dit de Blondel, de faire connaître l'artiste; je l'ai montré en présence des questions générales et de certaines questions particulières qu'il avait pu rencontrer dans le cours de ses travaux; j'ai indiqué à grands traits ses idées sur la métaphysique de l'art, et sur le rôle du sentiment et de la raison dans le régime des choses qui le concernent; j'ai exposé quelques-unes de ses vues sur les liens qui rattachent l'architecture des anciens à celle des modernes, et sur les différences qui distinguent l'une de l'autre; j'ai mentionné en passant ses remarquables appréciations de l'art ogival; j'ai analysé enfin quelques-unes de ses doctrines touchant la pratique de l'architecture décorative qui faisait l'objet spécial de ses études et de son enseignement. J'avais dit précédemment dans quelles conditions il vivait au milieu du dix-huitième siècle, connu par des

---

(1) C'est par M. Ingres que j'ai entendu formuler cette proposition. Elle est parfaitement d'accord avec ce qu'on connaît du talent de l'éminent artiste. Le procédé de travail qu'elle indique a pu être révélé aux yeux du public par l'exposition faite l'an passé des dernières toiles restées inachevées d'Arry Scheffer.

projets intéressants, par la publication de plusieurs grands ouvrages, et surtout par des leçons qui, en raison de la pente naturelle de son esprit vers la théorie, étaient devenues sa principale occupation, et avaient abouti à la création de son école des arts, à l'institution de ses cours publics, et à sa nomination de professeur royal au sein de l'académie d'architecture à laquelle il appartenait.

Ces faits montrent assez l'importance du rang qu'il avait pris parmi les artistes de son temps, et nous donnent une idée de la considération dont il jouissait. Une autre marque de son crédit est le choix que fit alors de lui le puissant ministre du roi Louis XV, le duc de Choiseul, pour lui confier l'étude d'un projet considérable auquel il devait attacher, comme nous allons le voir, un intérêt tout particulier. Il s'agissait d'ériger à Metz les vastes édifices destinés au chapitre royal de St-Louis, récemment institué.

Le nouveau chapitre succédait à deux antiques abbayes de religieuses Bénédictines installées primitivement à Metz, dans des emplacements qu'elles avaient dû, au seizième siècle, céder à la citadelle. Transportées alors dans le centre de la ville, les abbayes de St-Pierre et de Ste-Marie y avaient été logées sur la rive droite de la Moselle, dans des lieux auxquels sont restés attachés leurs noms : la première au-dessous des moulins de la cité, dans un ancien monastère de religieux de St-Antoine; la seconde dans les édifices d'une commanderie de St-Jean de Jérusalem, auprès du Moyen-Pont. Les deux abbayes étaient tombées dans un état de décadence croissante; les traditions de la règle de saint Benoît s'y étaient même peu à peu effacées jusqu'au point d'y être systématiquement dédaignées. Le dernier coup venait enfin de leur être porté. Le roi avait résolu de les supprimer et de réunir leurs biens pour en doter un chapitre noble destiné à procurer des établissements à des filles de qualité. Pour cette fin, la sœur du ministre, Charlotte-Eugénie comtesse de Choiseul-Stainville dame du chapitre de Remiremont, avait été, au mois de mai 1760, nommée par le roi aux deux anciennes abbayes de St-Pierre et de Ste-Marie, pour en demander à Rome la réunion sous la forme nouvelle qu'on voulait leur donner, avec le titre de Chapitre royal et séculier de St-Louis. Les bulles papales ne s'étaient pas fait attendre; elles avaient été fulminées dès le mois de septembre suivant. Plus tard, les lettres-patentes accordées en conséquence par le roi, et leur enregistrement au mois de janvier 1762, effectuèrent définitivement la réunion projetée. On créait par ce moyen une source précieuse de faveurs pour les familles nobles du pays, et on assurait immédiatement une riche dotation à celle de l'homme d'état qui avait négocié cette affaire. Sa sœur, tirée de Remiremont, possédait donc à Metz les deux abbayes de St-Pierre et de Ste-Marie ; en même temps son frère, **M.** de Choiseul-Stainville, précédemment pourvu de l'évêché d'Evreux et de l'archevêché d'Alby, et à qui était réservé plus tard l'important archevêché de Cambrai, tenait depuis 1759 notre riche abbaye de St-Arnould ; et leur cousine, Mme de Choiseul-Beaupré, allait recevoir en 1761 celle de Ste-Glossinde (1). On voit ce qu'était Metz pour le ministre de Louis XV et les siens. De somptueux édifices lui parurent naturellement devoir compléter le magnifique établissement qu'il venait d'y créer à sa sœur. Blondel, architecte du roi, membre de l'Académie, fut chargé sur sa réputation, par **M.** le duc de Choiseul, de venir à Metz pour en décider l'emplacement et en donner les plans.

Blondel arriva à Metz en 1761 et y trouva un champ de travaux beaucoup plus vaste qu'on ne le lui avait d'abord annoncé. Il n'est pas sans intérêt de rapporter à quel concours de circonstances était due cette situation. Le maréchal de Belle-Isle, gouverneur de la province, venait de mourir (26 janvier 1761), après avoir donné pendant sa longue administration une notable impulsion aux travaux publics dans notre ville. Commandant en chef dans les Trois-Évêchés depuis 1727, pourvu de la charge de gouverneur à la mort du maréchal d'Alègre en 1733, il avait fait entreprendre aux fortifications de la place des travaux considérables qui avaient déterminé la

---

(1) Suivant La Chenaye-Desbois, la famille de Choiseul, originaire du Bassigny, s'était partagée depuis le commencement du treizième siècle en un grand nombre de branches la plupart éteintes au milieu du dix-huitième. A cette époque il n'en restait plus que trois, dont l'aînée, celle de Choiseul-Beaupré, était subdivisée elle-même en trois rameaux : Stainville, Sommeville et Daillecourt. Au rameau de Stainville appartenait le ministre de Louis XV, fait duc en 1758, et ses frères et sœurs : l'archevêque de Cambrai, le comte de Stainville, l'abbesse de Saint-Louis de Metz et la fameuse duchesse de Grammont qui avait été d'abord coadjutrice de l'abbaye de Bouxières. Le rameau de Sommeville était représenté par un marquis de Choiseul qui mourut en 1760, laissant un fils, et par l'abbesse de Sainte-Glossinde de Metz, sœur du marquis ; le rameau de Daillecourt par deux frères qui avaient l'un et l'autre plusieurs fils.

création de quartiers nouveaux et des changements importants dans la distribution des anciens.

Les développements de l'enceinte fortifiée avaient ainsi donné naissance à la ville neuve sur la rive gauche de la Moselle (1728-1754), et aux quartiers de Mazelle, de St-Thiébault et de Ste-Glossinde, à l'autre extrémité de la cité (1739-1747). En même temps on avait entrepris le nivellement et l'élargissement des rues du vieux Metz, on avait ouvert sur quelques points des voies nouvelles, et on avait encouragé la construction de nombreux édifices civils et religieux. Quelques-uns de ces travaux avaient été exécutés aux frais de la ville ou des communautés; mais une grande partie, ceux notamment qui concernaient les fortifications et qui étaient de beaucoup les plus considérables, avaient été, comme on disait alors, payés par le roi, c'est-à-dire au moyen d'une imposition jetée sur la généralité. On avait employé ainsi près de deux millions de livres, de 1728 à 1755, soit en constructions soit en indemnités accordées aux propriétaires dépossédés de leurs héritages en vertu des arrêts du conseil qui ordonnaient ces opérations pour le service du roi; car on connaissait déjà très-bien et on appliquait alors ainsi les procédés de l'expropriation pour cause d'utilité publique.

Il régnait à cette époque dans les provinces une ardeur d'embellissements qui prenait sa source dans les exemples de la capitale, et dans l'émulation des gouverneurs et des intendants empressés de se signaler par des travaux susceptibles d'attirer l'attention. Paris avait vu régulariser ses quais, planter ses boulevards, créer les Champs-Élysées et la place Louis XV. Dans les villes de province on dessinait aussi des places environnées d'édifices réguliers destinés à encadrer la statue du roi ou de son prédécesseur. Lyon, Montpellier, Dijon, Rennes, Valenciennes, Bordeaux, Nancy, Reims, avaient élevé des statues à Louis XIV et à Louis XV, au milieu de places monumentales. M. de Tourny avait attaché son nom aux embellissements de Bordeaux, M. de Moras à ceux de Valenciennes, M. de Levignen à ceux d'Alençon. M. de Belle-Isle voulait illustrer aussi son gouvernement en faisant exécuter à Metz de semblables travaux. Un de ceux auxquels il attachait le plus d'importance était la création au milieu de la ville d'une place centrale qui servît de point de réunion aux troupes, et de laquelle la circulation pût rayonner, au moyen de communications faciles, dans toutes les directions. La vieille place d'Armes de la cité, l'ancienne place devant le Moutier, offrait la position centrale qu'il cherchait, mais sous d'autres rapports elle laissait tout à désirer. Ses dimensions étaient extrêmement exiguës et ses abords très-difficiles. Elle n'était accessible aux chevaux et aux voitures que par une de ses extrémités, au carrefour où débouchaient, près de l'église St-Gorgon, la rue Fournirue et quelques autres, non loin d'un endroit où on arrivait aussi par une ruelle percée entre les édifices du palais. Après cela, un passage dirigé sur Chèvremont à travers le cloître et une voie ouverte, au siècle précédent, par dessous la maison épiscopale pour gagner le haut des degrés de la place St-Étienne, voilà à quoi se réduisaient les issues par lesquelles on pouvait encore, mais à pied seulement, y parvenir sur d'autres points. Il fallait donc tout à la fois augmenter son étendue et lui donner des communications directes avec les quartiers environnants.

En parcourant les archives de la ville, nous trouvons dès 1749 un travail relatif à l'agrandissement de cette vieille place aux dépens de quelques-uns des édifices de second ordre qui l'avoisinaient. Mais on ne pouvait obtenir ainsi qu'un résultat insignifiant. La solution complète de la question dépendait de la combinaison de plusieurs opérations considérables qui se présentaient alors avec un véritable caractère d'opportunité. Le vieux palais, siége du parlement, et les antiques manoirs de la cour épiscopale qui se pressaient aux abords de la place d'Armes, exigeaient de prochains travaux de reconstruction ; en même temps, la cité ne pouvait plus guère différer l'érection d'un hôtel de ville, pour lequel elle était réduite à une installation provisoire et insuffisante depuis qu'elle avait dù, au commencement du siècle précédent, abandonner le palais municipal au parlement. Dans ces données se produisirent vraisemblablement des projets qui ont pu ne pas venir jusqu'à nous. Le hasard nous en a cependant fait connaître plusieurs qui furent présentés au maréchal de Belle-Isle en 1752. Les uns étaient dùs à un sieur Cugnot, qualifié capitaine d'infanterie ; un autre était l'œuvre de Jean Antoine, architecte, lequel prenait le titre d'arpenteur général du département de Metz.

Un ingénieur du nom de Cugnot avait été déjà, en 1738 et 1739, employé par M. de Belle-Isle, aux travaux de rectification des rues de Metz. Nos archives municipales contiennent plusieurs pièces relatives à ses études. Il y a quelques raisons de penser, sans que la chose soit certaine cependant, que l'ingénieur de 1738 n'est autre que le capitaine d'infanterie de 1752, dont les projets nous sont connus aussi par divers documents. Il avait présenté (1752) plusieurs plans pour l'agrandissement de la place d'Armes. Dans l'un il respectait à peu près le cloître fort disputé par le chapitre, et se bornait à prendre, pour une communication avec le haut du Vivier, celle de ses branches qui servait de passage public le long de la cathédrale. Quant à la place elle-même, il se contentait d'y ajouter le terrain de Saint-Pierre-aux-Images et d'une partie de l'église Saint-Gorgon. Dans deux autres plans plus considérables il faisait tomber en outre une grande partie du cloître avec les greniers du chapitre pour dégager une surface d'environ cinquante toises sur trente, ou bien il prenait tout ce qui restait du cloître et de Saint-Gorgon, en y joignant Saint-Pierre-le-Vieux et la Princerie pour obtenir une aire de plus de deux mille toises carrées. Les communications étaient assurées suivant ces projets, d'un côté par l'amélioration de la rue du Vivier et de ses abords, et par l'ouverture en ligne droite d'une rue, exécutée plus tard, entre la place d'Armes et le pont Saint-Georges, à laquelle Cugnot proposait de donner le nom de Fouquet ; de l'autre côté par la création de deux rues nouvelles : la première, avec le nom de Saint-Simon, passant entre l'évêché et le parlement pour aller du portail angulaire de la cathédrale à la rue Nexirue ; la seconde, qu'on aurait nommée rue de l'Evêque, descendant du même point de la place d'Armes à la place de Chambre, au travers des bâtiments de l'évêché, soit en suivant une pente sinueuse sur la place Saint-Étienne dont on aurait déplacé les degrés, soit en tombant directement sur une double rampe qui, à droite et à gauche, aurait gagné le niveau de la place de Chambre, d'une part vers le bas du Vivier, de l'autre vers la rue du Faisan. Des deux rues de Saint-Simon et de l'Évêque proposées par Cugnot, la dernière a été établie ultérieurement avec quelques modifications, mais en 1752 les résistances de Mgr de Saint-Simon en avaient fait abandonner la pensée ; quant à l'autre, qui ne semblait alors devoir soulever aucune difficulté, elle ne sortit jamais de la condition de simple projet. Cugnot ne touchait pas, à ce qu'il semble, au parlement, mais il avoit fait des plans pour l'hôtel de ville. Nous avons encore le dessin de la façade qu'il lui destinait, et cette composition, disons-le en passant, ne donne pas une grande idée de son goût et de son talent d'architecte. Il faisait de cet édifice le principal ornement de la nouvelle place, sans que nous sachions précisément où il l'installait. Cependant, d'après ce qu'il dit dans une de ses lettres des inconvénients d'un emplacement qui eût condamné ses bâtiments à être en partie enterrés, il semble qu'il évitait de les adosser aux escarpements de la Princerie, dans la position qui a été finalement assignée à cette construction.

L'ouverture de la nouvelle rue Saint-Simon, sur le sol de l'Évêché, avait obligé Cugnot à chercher pour celui-ci des compensations ; et il avait été amené ainsi à faire le croquis d'un projet suivant lequel la résidence épiscopale entièrement reconstruite, cédant une bande de son terrain pour la nouvelle rue le long du parlement, aurait reçu en échange, avec avantage de plus de quatre cent cinquante toises carrées, une extension de surface du côté de la place de Chambre sur laquelle ses jardins se seraient avancés en terrasse. En arrière, la masse des bâtiments aurait embrassé deux cours de grande dimension, avec un développement tel qu'il aurait été possible, tout en conservant des logis suffisants pour l'évêché entre les cours et le jardin, de consacrer à l'avantageux établissement de boutiques et de maisons bourgeoises les façades qui se seraient étendues de trois côtés, le long des rues de Pierre-Hardie, de Saint-Simon et de l'Évêque. Ces immenses édifices auraient eu trois entrées principales : d'abord sur la place d'Armes près du portail angulaire de la cathédrale, et du côté opposé sur la rue Pierre-Hardie, vis-à-vis les débouchés des rues aux **Ours** et de **Nexirue**. Je ne sais pas si l'étude de ce projet avait dépassé les termes d'une simple esquisse.

Dans une de ses lettres, qui semble adressée au maréchal de Belle-Isle, Cugnot insiste sur la nécessité de persévérer dans les vues d'agrandissement de la place d'Armes. Il entendait sans doute recommander ainsi la destruction des édifices religieux qu'il voulait abattre, et la manière dont il en parle donne lieu de penser qu'il pouvait y avoir quelqu'hésitation sur ce point vraisemblament fort disputé. Au reste, les propositions de Cugnot n'allèrent pas plus loin en 1752, et on ne voit pas qu'ultérieurement rien en ait été repris, sauf, avec certaines modifications, l'ouverture de la place et des deux rues descendant d'un côté au pont Saint-Georges, de l'autre à la place de Chambre. Pour ce qui concerne la place d'Armes, M. de Belle-Isle se décida à conserver l'église Saint-Gorgon que Cugnot attaquait plus ou moins ou détruisait même complétement dans ses diverses combinaisons. Quant à son Évêché et à sa rue Saint-Simon, le principe même de leur conception est entièrement opposé à ce qui fut réalisé depuis lors ; car on déblaya finalement en grande partie l'emplacement que, dans ses arrangements pour ce double objet, il destinait aux bâtiments.

Le plan de Jean Antoine était plus considérable et nous est mieux connu que ceux de Cugnot ; il est exposé en détail dans un traité d'architecture publié par son auteur en 1768 ; et, si nous en croyons celui-ci, l'idée en aurait été approuvée par le maréchal, à qui il l'avait présenté aussi en 1752. Ce projet est vraiment grandiose et mérite d'être décrit. Jean Antoine demandait aussi la destruction du vieux cloître et de ses annexes, mais c'était pour en consacrer l'emplacement à d'autres constructions. La place nouvelle proposée par lui devait être ouverte dans l'axe de la cathédrale, devant sa façade et non pas sur son flanc. Suivant ses plans, elle formait un immense parallélogramme dont les côtés étaient dessinés, vers l'église par la ligne qui coupait le bas de la nef, à l'opposé par celle que donnait approximativement la direction des rues Pierre-Hardie et Derrière-le-Palais, à droite et à gauche à peu près par le prolongement de la rue des Clercs d'une part et de la rue aux Ours de l'autre. La cathédrale s'y trouvait flanquée de deux édifices considérables qui étaient séparés d'elle par des rues et dont les façades formaient avec la sienne la décoration du fond de la place. Ces deux édifices étaient l'hôtel de ville, bâti sur les terrains de la place Saint-Étienne, et le siége du bailliage construit sur ceux de l'ancienne place d'Armes. Vis-à-vis, au débouché des rues aux Ours, Nexirue et des Clercs, la place était bordée par des maisons privées auxquelles on prescrivait une élévation uniforme, aussi bien qu'à celles qui formaient le troisième côté, entre les ouvertures de la rue du Petit-Paris, de la place Saint-Jacques et de la rue Fournirue. A l'angle de cette dernière se trouvait le palais du parlement auquel on donnait l'emplacement de l'église Saint-Gorgon et de quelques constructions voisines qu'a remplacées l'hôtel de ville actuel. Ses bâtiments découverts en partie sur la place, s'élevaient pour le reste le long d'une rue nouvelle qui allait rejoindre celle du Haut-Poirier. Sur le quatrième côté de la place projetée, une rue montant directement du pont des Roches débouchait entre deux façades dont l'une s'étendait vers le bas de la rue aux Ours et couvrait la paroisse royale de Saint-Victor, tandis que l'autre, vers la cathédrale, appartenait au palais épiscopal. Celui-ci était un édifice immense construit en partie sur le sol même de la place de Chambre, et dominant en terrasse le quai des Roches, projeté pour réunir ceux de Sainte-Marie et de Saint-Pierre. Le nouvel évêché était limité d'un côté par la rue qui montait du pont des Roches à la place et dont je viens de parler, de l'autre par le prolongement de la rue du Vivier descendant au pont des Écluses. Sa façade régnait, comme celle du parlement qui lui faisait symétrie, partie sur la place elle-même, partie sur une rue à créer pour rejoindre le quai Saint-Pierre, après avoir coupé la rue du Vivier au-dessous de la cathédrale. Le projet de J. Antoine comprenait, comme celui de Cugnot, l'importante percée de la rue des Jardins réalisée ultérieurement et montant du pont Saint-Georges à la nouvelle place sur laquelle elle arrivait entre la cathédrale qu'elle longeait et le bailliage installé en partie sur le terrain de St-Pierre-aux-Images. Un remaniement considérable du sol dans les rues adjacentes avait pour point départ le niveau donné à la nouvelle place, à six pouces plus bas que le pavé de la cathédrale, et l'exhaussement de six pieds des parties conservées de la place de Chambre.

Ce magnifique projet, qui n'avait peut-être contre lui que l'excessive largeur de sa conception, réalisait complétement le programme dé l'ouverture d'une vaste place centrale accompagnée de nombreuses voies de communication dans toutes les directions, avec l'établissement d'un hôtel de ville et la reconstruction des antiques édifices du parlement et de la cour épiscopale. On comprend qu'il ait pu fixer l'attention du maréchal de Belle-Isle. Son auteur accompagnait la description qu'il en donnait de quelques indications touchant les ressources qui eussent pu assurer sa réalisation. La ville, récemment déchargée des fournitures des casernes, lui semblait en mesure de supporter les frais de construction de l'hôtel de ville, et ceux d'acquisition des héritages compris entre l'ancien palais et la place Saint-Jacques. Quant aux dépenses nécessaires pour le reste, il proposait d'y pourvoir au moyen du produit, considérable suivant lui, des amendes, dommages et intérêts, restitutions et confiscations encourus par l'évêque de Metz et les communautés de la province, pour délits en matière d'eaux et forêts, dans l'exploitation abusive de leurs bois. Il rappelait que des condamnations pour des sommes immenses avaient été prononcées à cette occasion ; que les communautés avaient, il est vrai, obtenu en appel des modérations annulant presque le produit des amendes qui les concernaient ; mais qu'à l'égard de Mgr de Saint-Simon, qui avait demandé miséricorde au roi, l'affaire était pendante, de sorte qu'on était encore maître de sa solution.

Voilà où en était en 1752 le projet depuis longtemps agité de la place d'Armes, des communications nouvelles et des grandes constructions qui s'y rattachaient. Primitivement conçu avec les plans généraux d'amélioration qui comprenaient le perfectionnement des fortifications de la ville et l'extension de son enceinte, il avait dû céder le pas à ces derniers travaux qui l'emportaient sur lui en urgente utilité. Mais ceux-ci, entrepris dès l'année 1728, étaient maintenant à peu près terminés ; le moment était donc venu de procéder aux grandes modifications que réclamait le régime intérieur de la cité. Plusieurs plans avaient été proposés, comme nous venons de le voir ; la reconstruction de l'évêché et du parlement, la suppression du cloître de la cathédrale et l'érection d'un nouvel hôtel de ville étaient, à ce qu'il semble, autant de points admis en principe ; mais avant d'en venir à l'exécution, que de difficultés étaient à craindre. Leur prévision avait pu, aussi bien que l'embarras de choisir entre les divers projets, ne pas être étrangère aux retards que l'affaire avait subis. Ces retards cependant étaient près d'avoir enfin leur terme ; et par un brusque revirement, à la temporisation allait succéder une sorte de précipitation dont l'emportement, après un début plein d'une ardeur passionnée, devait s'arrêter bien avant le terme, comme cela a lieu souvent quand on a mis trop de vivacité aux premiers efforts.

L'occasion de ce changement paraît avoir été un séjour du maréchal de Belle-Isle à Metz, pendant l'été de 1753. Le gouverneur ne paraissait que rarement dans sa province et vivait habituellement éloigné d'elle soit à la cour, soit aux armées. Baltus, qui a écrit les annales de ce temps pendant plus de trente années de l'administration du maréchal, mentionne à de longs intervalles et comme de grands événements pour la cité, les actes de courte présence qu'il y faisait. Au mois de mai 1753, le fils du duc de Belle-Isle, le comte de Gisors, en considération de son mariage avec la fille du duc de Nivernais, venait d'être nommé, par le roi, gouverneur et lieutenant-général des villes, pays et évêchés de Metz et Verdun. Pour assurer cette faveur à son fils, le maréchal avait dû se démettre de ces charges qu'il tenait depuis vingt années. Mais, disons-le de suite, ce n'était là qu'une pure formalité, car, en même temps, des lettres de retenue de service et appointements le continuaient dans l'exercice des fonctions dont il ne se dessaisissait en apparence que pour procurer au comte de Gisors un titre important. Il n'y eut aucune interruption dans son administration jusqu'à sa mort (1761) ; et le coup fatal qui vint prématurément frapper cinq ans après le jeune comte sur le champ de bataille de Crevelt (23 juin 1758), mit fin à cette sorte de partage de dignité sans rien changer au fond des choses. En 1753 on ne prévoyait pas ce destin funeste, et le maréchal, qui considérait son fils au moins comme un successeur désigné, l'accompagna à Metz dans un voyage d'apparat que le nouveau titulaire y fit à l'occasion de sa récente nomination, et y donna pendant le mois de juillet des fêtes brillantes accompagnées de cérémonies inusitées, dont Baltus a consigné les détails dans son journal.

C'est pendant le séjour qu'il fit à Metz dans cette circonstance (juillet 1753), que le maréchal de Belle-Isle paraît avoir résolu définitivement l'exécution des grands projets relatifs à la place d'Armes et aux travaux divers qui s'y rapportaient. Il examina et vérifia, dit-on, alors les plans qui lui avaient été proposés pour cet objet; il fit pratiquer des nivellements et des toisés sur l'ancienne place et dans les rues voisines, et décida que la place nouvelle serait créée moyennant la destruction du cloître de la cathédrale et des églises et édifices qui l'accompagnaient, et que ses communications seraient assurées d'une part avec les quartiers élevés, en abaissant le niveau des rues du Haut-Poirier et du Four-du-Cloître, de l'autre avec les parties basses de la ville en ouvrant une rue à travers les jardins depuis le haut du Vivier jusqu'au pont Saint-Georges, et en prolongeant après l'avoir élargie celle qui, à travers le vieux palais épiscopal, descendait du portail angulaire de la cathédrale à la place St-Étienne, et devait dès lors être poussée jusqu'à la place de Chambre. Il fallait, pour exécuter ces travaux, prendre beaucoup d'héritages, mais il n'y avait à cela aucune difficulté insurmontable; un arrêt du conseil du roi suffisait pour triompher de toutes les résistances, et ensuite les dédommagements jugés convenables étaient fournis aux ayant droit, soit en terrains donnés comme équivalents, soit en indemnités pécuniaires auxquelles il était pourvu au moyen de taxes frappées sur la ville ou la province.

A la suite de son voyage de 1753 à Metz, le maréchal de Belle-Isle avait fait connaître au chapitre de la cathédrale le parti qu'il venait de prendre définitivement de supprimer le cloître et ses annexes pour agrandir la place d'Armes. Le chapitre, que ce projet déjà ancien contrariait vivement et lésait dans ses intérêts, avait présenté quelques objections et avait même osé entrer dans une voie d'opposition aux volontés du gouverneur. L'automne de 1753 s'était écoulé ainsi, et on était arrivé à l'année 1754. Mais la résolution d'en finir était arrêtée, et on allait passer aux mesures d'exécution. Au mois de mars (1754), le duc de Belle-Isle obtient du conseil du roi un arrêt prescrivant l'adoption de ses projets et ordonnant leur réalisation nonobstant tout empêchement. Au mois de juillet suivant, M. de Caumartin, intendant de la province, rend une ordonnance pour faire exécuter l'arrêt du conseil, et commet à cet effet son subdélégué le sieur Davrange, qu'il charge de faire procéder sans délai à l'estimation des immeubles qu'on va détruire; un mois après on commence les démolitions.

Le premier coup de marteau frappe le mur du cimetière de Saint-Gorgon. On attaque ensuite le cloître et ses dépendances, Saint-Paul et la chapelle des Foës, les greniers du chapitre, ses maisons situées derrière le cloître en haut de la rue du Vivier, et au bas de celle du Four-du-Cloître l'hôtel de la petite Princerie. Ces édifices, Saint-Pierre-le-Vieux, Saint-Pierre-aux-Images avec les logis des chantres, la chapelle des Lorrains souvenir de gloire pour la cité messine, les quatre maisons de la ville sur la vieille place et quelques autres maisons appartenant à des particuliers, tombent successivement. Le sol mis à découvert est entamé par des déblais considérables. Devant le portail angulaire de la cathédrale, on enlève 8 ou 9 pieds de terre ; à l'autre extrémité de la place, le niveau est abaissé de 29 ou 30 pieds et le bas des rues du Haut-Poirier et du Four-du-Cloître se trouve coupé par un talus abrupt de toute cette hauteur. En même temps on perce à travers les jardins la voie nouvelle qui va descendre au Pont-Saint-Georges, et d'un autre côté on creuse, au-dessous de l'évêché et du flanc occidental de la cathédrale, celle qui doit gagner la place de Chambre. On démolit enfin les degrés qui montaient de cette dernière place à celle de Saint-Étienne. Ces travaux entraînent un abaissement général de niveau pour toutes les rues aboutissant sur la nouvelle place. Afin de gagner les 30 pieds qu'il faut prendre au bas de celles du Four-du-Cloître et du Haut-Poirier, on commence les déblais, pour la première à partir de Sainte-Croix, pour la seconde à partir de l'église de la Trinité (le temple protestant actuel), en passant devant l'église des petits Carmes (aujourd'hui la bibliothèque) dont la porte principale se trouve comme abandonnée à la hauteur d'une fenêtre de premier étage. Ailleurs, pour obtenir les 6 pieds qu'on doit prendre en déblai près de Saint-Gorgon, on creuse le sol de la rue Fournirue à partir de Taison et celui de la rue de la Vieille-Tape à partir de l'extrémité de la rue des

Clercs; il faut abaisser aussi le niveau d'une grande partie de la place Saint-Jacques où se tenait le marché.

Ces dernières opérations, qui devaient causer un vif mécontentement aux bourgeois dont elles déchaussaient les habitations, sont commencées dans la nuit du 9 au 10 août 1755 et poussées avec activité pendant plusieurs jours jusqu'à leur entier accomplissement. Cinq ou six maisons s'écroulent dans la rue Fournirue, d'autres sont démolies pour éviter de semblables catastrophes, celles qui restent doivent être soutenues par des étais; la plupart des artisans et des marchands qui occupaient le quartier se retirent précipitamment. Quand les tranchées sont terminées, les caves attaquées presque partout restent ouvertes, les portes des rez-de-chaussée se trouvent à plusieurs pieds au-dessus du nouveau sol. Des travaux provisoires obvient autant que possible à ces graves inconvénients. On loge comme on peut des escaliers à l'intérieur ainsi qu'à l'extérieur des maisons; on met des garde-fous devant les boutiques. Sur l'ancienne place d'Armes, le vieux palais au milieu de ces excavations est presque inabordable; on est obligé d'installer un escalier de 17 marches dans l'intérieur de la grande salle pour en permettre l'accès, et une rampe garnie d'une dizaine de marches sert désormais à monter au passage public pratiqué au travers de ces antiques bâtiments. A côté du palais, dix arcades, qui formaient galerie et ou-vraient directement sur la place, ont maintenant leur seuil à une hauteur de plusieurs pieds, et leurs fondations déchirées laissent béantes les voûtes brisées de leurs caves. On bouche les brèches de celles-ci, on garnit de balustrades la galerie, mais il n'est plus pos-sible d'y arriver autrement que par un escalier de bois dressé à son extrémité, sur l'angle de la rue de la Vieille-Tape. Pendant qu'on déchaussait les maisons par des déblais et des excavations dans la partie haute de la ville, on enterrait par des remblais celles de la partie basse à la place de Chambre et aux Roches, et on nivelait au moyen d'un exhaussement considérable le sol du quai Sainte-Marie. Les plaintes et la résistance des habitants deviennent telles, que le 17 août les travaux sont suspendus sur une ordonnance du bureau des finances, sorte de corps municipal chargé de l'administration de la cité. A cette nouvelle, le duc de Belle-Isle lui-même accourt. Il arrive à Metz le 22 août, et le lendemain les ouvriers reprennent par ses ordres leur tâche un instant interrompue.

A la fin de 1755 le sol se trouve à peu près déblayé; deux campagnes de travaux précipités avaient produit ce résultat. En 1754 on avait attaqué et accompli les démolitions qui ouvraient la place et les communications nouvelles; en 1755 on avait procédé aux nivellements. Qu'allait-on faire maintenant? Détruire est facile quand on a tout pouvoir; mais pour remplacer ce qu'on a détruit, il faut autre chose que de l'autorité, il faut de l'invention et le plus souvent aussi de prudents calculs.

Les plans n'avaient pas manqué, nous l'avons vu; ils comprenaient la construction d'édifices nouveaux à substituer aux anciens, et avaient dans ces conditions une étendue nécessaire qui aurait exigé qu'on en fît, avant de rien attaquer, une étude sérieuse, un peu longue peut-être à cause des nombreux points de vue auxquels il fallait la prendre; mais on voulait surtout commencer, et le commencement consistant à détruire, on avait détruit avec ardeur; après quoi on n'avait plus su que faire. On tâtonna quelque peu et finalement on laissa les choses en suspens. Le maréchal de Belle-Isle, pendant une administration qui dura encore cinq ou six années (jusqu'en 1761), n'édifia à peu près rien et ne réussit même pas à terminer la liquidation des indemnités dues pour les démolitions de 1754 et 1755 (1). Ce n'est pas, on doit le penser, qu'il n'ait cru en commençant mener l'affaire jusqu'au bout. Il avait nécessairement un projet en tête, sinon un plan complétement étudié; mais il mit évidemment peu de suite dans sa manière de procéder. « M. le maré-
» chal de Belle-Isle avait sans doute de bonnes vues, » écrivait quelques mois après sa mort le marquis d'Armentières au maréchal

---

(1) Les archives de l'hôtel de ville ne contiennent presque rien sur la question pendant cette période (1755-1761). Un plan de 1758 prouve que les lieux étaient encore à cette date à peu près dans l'état où les avaient laissés les démolitions et les déblais de 1754-1755. Des talus escarpés et irréguliers s'y montrent dans le bas de la rue du Four-du-Cloître et sur toute la ligne occupée plus tard par la façade de la princerie et de l'hôtel de ville, ainsi que sur les revers d'une tranchée profonde ouverte entre la cathédrale et les anciens édifices de l'évêché, dans le sol déchiré des cours de cette antique résidence. Il semble résulter en outre de quelques documents, peu explicites au reste, qu'à cette époque (1758) on revint à l'idée de dessiner dans l'axe de la cathédrale une grande place, comme l'avait proposé Jean Antoine en 1752; mais on ne paraît d'ailleurs avoir rien fait alors pour réaliser ce projet, qui plus tard devait être repris encore une troisième fois sans plus de succès.

d'Estrées son successeur, « mais cet homme qui n'a pas planté un
» arbre à Bizy qu'après s'être formé un grand plan, n'en a pas usé de
» même à Metz où il n'a fait les choses que par pièces et par mor-
» ceaux et sans aucun goût, et fait et défait les mêmes trois ou quatre
» fois. » Cependant après lui, le maréchal d'Estrées recommandait que
sans rien entreprendre de nouveau on s'appliquât à terminer ce qu'il
avait commencé, ordonnant surtout de régulariser au plus tôt les
dépenses de sa gestion qui étaient restées en souffrance, et de payer
aux habitants de la ville les indemnités qui depuis plusieurs années
leur étaient encore dues.

Des divers arrangements partiels que le maréchal de Belle-Isle avait
pu faire exécuter, il ne reste plus autre chose aujourd'hui que la terrasse
substituée par ses ordres au grand escalier qui occupait auparavant
toute la largeur de la place St-Étienne pour descendre à celle de
Chambre. Encore cette terrasse fut-elle modifiée depuis lors par l'établissement de la seconde rampe de degrés qui l'accompagne, et par
la décoration ultérieure du mur qui la soutient et la construction
de la fontaine qui y est adossée; mais là ne se bornaient certainement pas les projets du maréchal de Belle-Isle. Nous ne connaissons
pas complétement les plans qu'il avait adoptés. Nous avons
signalé ceux que lui avaient présentés en 1752 Cugnot et Jean
Antoine, et ceux dont il avait décidé l'exécution en 1753.
Une indication, peu formelle il est vrai, donne lieu de croire qu'il
était revenu, en 1758, à l'idée de la grande place proposée en
1752, dans l'axe de la cathédrale, par Antoine. Les plans de ce
dernier, approuvés d'abord, à ce qu'il dit lui-même, par le maréchal,
avaient dû être ensuite abandonnés quand celui-ci résolut, en 1753,
d'agrandir simplement l'ancienne place d'Armes; mais l'insuffisance
des résultats obtenus par ce moyen avait pu ramener ultérieurment
le duc de Belle-Isle aux idées qu'il avait accueillies une première fois en 1752. Au reste, les vagues renseignements que
nous avons sur cet objet concerneraient tout au plus le tracé
même de la place, en laissant tout à fait de côté la question du
palais épiscopal et celles du parlement et de l'hôtel de ville. Il est
difficile cependant d'admettre que le maréchal n'ait pas eu toujours
l'intention de comprendre dans ses plans les grandes œuvres de reconstruction qui se liaient si naturellement à l'ouverture de la place et
des rues nouvelles, quoique, pour ce qui concerne par exemple le
parlement, nous sachions qu'il nourrissait la pensée d'en transporter

le siége à Nancy, afin de faire de Metz une ville exclusivement militaire. En tout cas, le témoignage du marquis d'Armentières, d'accord
avec les faits, montre que les vues du duc de Belle-Isle ne furent
jamais bien arrêtées ; et il est permis d'ailleurs de croire que
ses projets n'avaient pas été étudiés avec beaucoup de soin, à
en juger par l'état d'incertitude et d'abandon où il laissa se traîner
l'entreprise pendant les six dernières années de son administration.

Si nous ne connaissons qu'imparfaitement les plans du duc de
Belle-Isle, nous connaissons au moins l'homme qui les lui fournissait, celui à qui il s'en remettait de leur exécution en 1754,
et ce que nous en savons n'est pas fait pour nous donner l'idée
que beaucoup de prudence ait présidé à leur conception, ni qu'une
très-grande maturité ait accompagné leur étude. Cet homme se
nommait Jean Gautier (1). Baltus nous dit dans ses annales qu'il
était alors chargé en chef de la conduite de toutes les démolitions
et des nouveaux ouvrages qui se faisaient à Metz au compte du roi,
c'est-à-dire sur les ordres du maréchal et aux frais de la province.
Gautier était Lorrain, à ce qu'il semble. Il prenait le titre d'ingénieur du roi de Pologne et avait été désigné en 1754, par M. de
Caumartin intendant de Metz, pour diriger les estimations qui
précédèrent les démolitions.

Dans le testament politique du maréchal de Belle-Isle, ouvrage publié par Chevrier sur des notes et documents provenant, à ce qu'on
croit, du duc lui-même, on trouve accidentellement quelques indi-

---

(1) Les biographes lorrains ne disent rien de ce personnage. Je dois à
l'obligeance de M. Lepage, archiviste de la Meurthe, les indications suivantes
qui, malgré les variations dans l'orthographe du nom, paraissent se rapporter
soit à lui, soit à quelqu'autre membre de sa famille. — 1734, paiement fait à
Gauthier, architecte, pour travaux exécutés à la saline de Rozières. — 1735,
1736, Jean Gautier, secrétaire du bureau des ponts et chaussées de Lorraine.
— 1736, nomination par le duc François III dudit Jean Gautier aux fonctions
de l'un de ses ingénieurs, préposé à la construction et à l'entretien des chemins
ponts et chaussées de ses états. — 1738, nomination par le roi de Pologne
du sieur Jean Gauthier fils aux fonctions d'architecte inspecteur des bâtiments
et magasins des salines de ses états. — 1742, rapport sur la situation de la
seconde église primatiale de Nancy par Jean Gautier. — 1750, Jean Gautier
architecte publie à Nancy des projets chimériques mentionnés par Durival dans
ses annales du règne de Stanislas.

cations concernant Jean Gautier. « C'était, y dit le maréchal, un archi-
» tecte que j'ai protégé longtemps fort mal à propos, puisque le
» parlement de Nancy l'a condamné à être pendu. » Il ajoute ensuite :
« Cet homme s'était présenté lui-même avec beaucoup de projets
» et une sorte d'esprit qui me plurent. Le désir que j'ai toujours
» eu d'embellir Metz me détermina à lui communiquer mes idées ;
» il les saisit, les fortifia et me donna des plâns que je crus bons
» parce que tous les architectes de la province en dirent du mal. »
Ce curieux passage, s'il émanait d'une source parfaitement authentique,
ne serait pas moins instructif sur le compte du protecteur que sur
celui du protégé; il révélerait chez le premier un fond d'aveugle
entêtement, chez le second un esprit d'empressement aventureux,
qui pourraient éclairer utilement le tableau des faits accomplis à
Metz à cette époque. Laissant de côté pour le moment ce qui regarde
ici le duc de Belle-Isle, je m'arrête seulement à ce qui concerne Jean
Gautier, parce que j'en trouve ailleurs la justification dans des témoignages significatifs qui confirment cette première impression, et
dessinent complétement la physionomie du personnage.

Gautier était un intrigant qui s'était emparé de l'esprit du maréchal de Belle-Isle, et il n'était pas à son coup d'essai quand il était
venu se présenter à lui. Durival en ses annales raconte de cet homme
un trait qui met en pleine lumière son caractère hasardeux. Il
avait, dit-il, donné pour étrennes en 1750 au public de Nancy un
écrit singulier sur les abus de la concurrence industrielle et commer-
ciale, avec l'exposition de combinaisons chimériques au moyen
desquelles un entrepreneur unique se substituant aux artisans et
fournisseurs divers à qui on est ordinairement obligé · d'avoir
recours, ouvrirait d'immenses magasins où se trouveraient toutes
choses, et tiendrait prêts des ouvriers de tout genre pour les employer sur-le-champ. De sorte que les prix baissant, à ce qu'il
assurait, par l'absence de concurrence, et tous moyens étant offerts à
chacun de réaliser ses fantaisies, un particulier aurait, suivant lui,
l'agrément de bâtir à très-bon marché et avec la même facilité qu'on
a , disait-il, de se donner une épée, une tabatière, des ajustements
et des bijoux. Ces prodigieuses utopies ne restèrent pas, à ce qu'il
paraît, à l'état de théorie; elles séduisirent, nous dit Durival qui
vivait alors , bien des gens, émurent tous les artisans et causèrent
beaucoup de trouble avant qu'on fût complétement désabusé sur
leur compte. « Le nom de Gautier, ajoute-t-il, devint trop fameux,

» et ses vastes projets renversèrent les meilleures maisons de com-
» merce de la ville de Nancy et beaucoup d'autres. »

On ne comprendrait pas qu'on eût pu se laisser éblouir par Gautier s'il n'eût jamais offert que des plans aussi extravagants ; mais sa féconde imagination était capable d'en concevoir qui eussent l'apparence de projets raisonnables et le vernis de l'utilité publique avec le prestige d'une généreuse hardiesse. Il avait proposé, par exemple, d'amener de cinq à six lieues à Rozières-aux-Salines, au moyen d'une double file de corps et d'une pompe à feu, les eaux salées du puits de Lezey, village situé près de Marsal dans l'évêché de Metz. Une autre fois il réussit à faire agréer par le maréchal de Belle-Isle et par le ministère une immense conception ayant pour objet de substituer la consommation de la houille à celle du bois dans les salines de la Lorraine et des Trois-Évêchés ; au moyen de quoi on aurait, suivant lui, fait baisser de moitié le prix du bois dans ces provinces et en même temps à Paris en l'y faisant arriver par un canal qui eût réuni la Moselle à la Marne, et celle-ci à la Seine. « Ce projet, » dit M. de Belle-Isle, était bien digne d'attacher toute personne » amie du bien public. Je le communiquai à M. de Machault qui le » reçut avec transport et qui me promit des fonds pour son exécution. »

Le maréchal accueillit un peu plus tard avec non moins de faveur une autre idée conçue par l'audacieux aventurier, qui cette fois paraît avoir tout simplement tendu un piége à sa crédulité. Gautier lui annonce un jour qu'il a trouvé le secret de dessaler l'eau de la mer. « L'importance de cette découverte, dit le maréchal, augmenta » la confiance que j'avais dans cet homme. J'en dis deux mots au » ministre. Gautier lui parut un artiste essentiel que nous résolûmes » d'employer utilement. Prévenu de nos desseins, il demanda de l'ar- » gent pour se rendre au port de Rochefort et y faire, sous les yeux » de M. Le Normand, l'expérience de son secret. M. de Machault, qui » ne donnait jamais à la première réquisition, remit cet homme à la » huitaine. » Le projet se trouvait déjoué par la prudence du ministre. Après avoir vainement attendu l'argent sur lequel il comptait, Gautier change ses batteries ; il feint que les Anglais et les Hollandais, informés de sa précieuse découverte, ont voulu s'en emparer, et que, dans l'impossibilité de l'obtenir de lui, ils ont résolu de le faire périr plutôt que de le laisser livrer un pareil secret à la France. Il vient raconter à son protecteur qu'il a été arrêté par des gens qui lui ont fait des menaces affreuses ; sa vie est en danger, il de-

mande au moins à être mis en sûreté et obtient d'être reçu à la Bastille, avec liberté d'y être visité par ses amis .Mais le lieutenant de
police, qui avait été mêlé à tout cela, réussit à éveiller quelque défiance dans l'esprit du maréchal qui se décide à faire observer
Gautier de plus près. « Je venais, dit-il, de prendre à mon service
» le chevalier de Mouhy, qui mourait de faim en faisant de mauvais
» romans. Ce pauvre diable ne cherchait qu'à m'être utile de toutes
» façons ; répandu dans Paris et faisant aisément parler les indis-
» crets, il m'instruisait assidûment de toutes les nouvelles courantes
» et des bruits du jour. J'envoyai Mouhy à la Bastille sans aucune
» recommandation. Ce garçon savait son métier et le faisait avec
» tant d'intelligence que le lendemain il m'écrivit à Versailles que
» mon protégé était un fourbe qui n'était à la Bastille que pour ses
» intérêts personnels. Le fait était vrai, et Mouhy, qui l'avait trouvé
» environné de ses créanciers, m'apprit que Gautier n'avait abusé
» de ma bonne foi et de mon crédit que pour intimider ceux à qui il
» devait et avec lesquels il composa à très bon compte, parce
» qu'ayant persuadé à ces gens-là qu'il était enfermé pour un
» crime, ils crurent tous qu'il n'en sortirait jamais, et lui firent le
» meilleur parti possible. »

Jean Gautier était plus qu'un intrigant, c'était un fripon, et on
comprend que pour quelque méfait nouveau, il ait pu se voir un
peu plus tard condamné par le parlement de Nancy a être pendu,
comme nous l'apprend le passage, cité plus haut, du testament du
maréchal de Belle-Isle. Quant à ce dernier on ne sait comment
qualifier l'incroyable facilité avec laquelle il s'était abandonné à un
pareil homme. « Mais, » dit le président Hénault dans ses notes
sur le testament politique du maréchal, « Tel était le caractère de
» M. de Belle-Isle. Quand il était coiffé de quelqu'un et surtout
» d'un aventurier, rien ne pouvait l'arracher à sa prévention. » Le
président ajoute, sans s'expliquer davantage, que peu de temps
avant sa mort le maréchal eut lieu de se repentir de la confiance
aveugle qu'il avait accordée à Gautier.

C'est néanmoins avec une entière bonne foi, on doit le croire, que
le maréchal avait livré les travaux de Metz à l'étrange personnage
dont nous venons de parler. On comprend qu'il n'avait à attendre de
sa part ni des objections en présence des difficultés, ni des hésitations
devant les résistances. L'un avait le pouvoir de tout ordonner, l'autre
la hardiesse de tout entreprendre ; et pourtant ils devaient échouer

dans l'accomplissement de l'œuvre pour laquelle ils étaient associés. Après l'avoir attaquée avec une fougue et une énergie que stimulaient probablement surtout les premiers obstacles, ils s'arrêtèrent vaincus par la force des choses quand ils n'eurent plus devant eux que les difficultés naturelles d'une entreprise compliquée qui eût demandé, avec du talent, de profonds et prudents calculs avant l'action, et une patiente persévérance pendant l'exécution.

C'est ainsi qu'après la mort du duc de Belle-Isle (1761), le marquis d'Armentières put dire au maréchal d'Estrées, à qui venait d'échoir le gouvernement de la province, que son prédécesseur laissant inachevés les grands travaux qu'il avait entrepris dans la ville de Metz, n'avait su y faire que des choses de pièces et de morceaux. C'est encore ainsi qu'arrivant à la même époque dans notre ville, où l'envoyait le duc de Choiseul pour les constructions projetées de l'abbaye royale de Saint-Louis, Blondel put écrire, ne sachant pas toute la vérité, ou bien voulant en adoucir l'expression : « Un homme de
» mérite, mais sans doute trop ardent et peut-être mauvais calcula-
» teur, à qui M. de Belle-Isle avait donné sa confiance, entama les
» opérations avant de faire un plan général, en sorte que plus
» occupé d'aller vite que de bien faire, on acquit des terrains,
» plusieurs maisons furent abattues, on perça de nouvelles rues, l'au-
» torité s'en mêla plus que la prudence, on obtint des fonds de la
» bienfaisance de Sa Majesté, et les travaux se continuèrent jusqu'à
» la mort du maréchal, qui, avec les vues les plus droites et la meil-
» leure intention, laissa des ouvrages mal commencés et des entrepre-
» neurs à payer. C'est dans cet état que M. le maréchal d'Estrées
» trouva les choses. »

La nouvelle place d'Armes et les deux rues descendant au pont Saint-Georges et à la place de Chambre étaient ouvertes depuis 1755 ; un projet pour une autre place plus vaste dans l'axe de la cathédrale avait été repris, ce semble, en 1758, mais sans que cela eût abouti à aucun résultat ; un plan général d'alignement avait été, dit-on, adopté pour les rues voisines au mois de mars 1759 ; enfin on avait fait quelques travaux à la place Saint-Étienne dont la terrasse, avec un des escaliers qui l'accompagnent, était exécutée.

IV.

Le maréchal de Belle-Isle était mort le 26 janvier 1761. Le maréchal d'Estrées avait été, le 30 du même mois, nommé à sa place gouverneur et lieutenant-général ès villes pays et évêchés de Metz et Verdun, par lettres de provision enregistrées au parlement le 2 avril suivant. Il ne paraît pas avoir beaucoup plus résidé dans son gouvernement que ne l'avait fait son prédécesseur, et c'est de Paris qu'il suit les affaires de la ville, par correspondance avec le marquis d'Armentières qui y commandait en son absence. Nous avons dans nos archives municipales quelques-unes des lettres que ce dernier lui écrivait à cette époque (1761).

C'est au marquis d'Armentières que le duc de Choiseul avait adressé Blondel en l'envoyant à Metz. Il ne s'agissait d'abord pour celui-ci que des plans relatifs à l'abbaye de Saint-Louis, mais en présence du champ immense laissé ouvert à l'œuvre de reconstruction par le duc de Belle-Isle, l'imagination de l'artiste s'était enflammée, et il avait entrevu une magnifique et rare occasion de tracer les grandes lignes d'un vaste plan d'ensemble. Il avait dès lors associé au travail spécial qui l'amenait à Metz, des études générales sur ce qu'on pourrait y faire dans un cadre plus étendu, et avait communiqué sa pensée au marquis d'Armentières, qui en avait été charmé et qui avouait dans une de ses lettres au maréchal d'Estrées (22 septembre 1761) que, prévenu d'abord contre Blondel, parce qu'il aurait désiré que Soufflot qu'il aimait fût chargé des bâtiments de Metz, il avait cependant fini par admirer sans réserve ses idées et ses plans, « dans lesquels on trouve, disait-il, le crayon d'un grand homme conduit par une tête » sage. »

Le marquis d'Armentières adoptant pleinement les vues de Blondel, l'avait encouragé à étudier le projet de l'évêché et à faire pour sa reconstruction des plans qu'on pût soumettre au prélat ; quoique celui-ci ne l'y eût nullement autorisé, et qu'il se proposât même d'envoyer pour cet objet un architecte à Metz, ce que n'ignorait pas M. d'Armentières à qui le maréchal l'avait écrit vers le même temps (12 sept. 1761). Les antiques manoirs de la résidence épiscopale étaient en effet dans un déplorable état de vétusté, et par les arrangements intervenus entre la famille de M. de Coislin et son successeur, probablement en conséquence de quelqu'obligation résultant des actes de libéralité si connus du célèbre évêque, **M.** de Saint-Simon s'était engagé à réparer tous les bâtiments dépendant de l'évêché, notamment à reconstruire entièrement le palais épiscopal de **Metz.** **M.** de Saint-Simon étant mort au commencement de 1760 (29 février), cette obligation incombait naturellement à **M.** de Montmorency qui l'avait remplacé. Il était en même temps question de la construction depuis longtemps projetée de l'hôtel de ville, et un ordre du roi (29 août 1761) avait prescrit de réserver pour cette destination un terrain sur la nouvelle place d'Armes (1). Blondel s'empara aussi de ce projet, et bientôt après de celui du nouvel hôtel du parlement dont l'exécution ne pouvait plus guère être différée. C'est ainsi qu'il put écrire que **M.** le marquis d'Armentières, satisfait des études qu'il avait faites par ordre du duc de Choiseul, l'avait proposé comme architecte à **M.** le maréchal d'Estrées pour donner les plans d'ensemble des édifices qu'on devait élever à Metz, à Monseigneur l'évêque pour son palais épiscopal, enfin aux officiers municipaux pour l'hôtel de ville, ajoutant qu'il put dès lors s'appliquer à mettre entre ces divers projets une liaison intéressante, et que le maréchal l'ayant dans la suite chargé des plans du nouveau bâtiment destiné au parlement, il avait cru devoir chercher à lui donner aussi une relation générale avec les constructions qui l'environnaient.

La décoration de la place d'Armes résultait des combinaisons imaginées pour l'agencement des diverses parties de ce grand ensemble, où Blondel conçut la pensée de faire entrer, avec le caractère d'un morceau de première importance, son fameux portail de la cathédrale. Dans un mémoire du mois de décembre 1761 que nous avons encore, et qu'il y a lieu selon toute vraisemblance de lui attribuer, des arrangements sont proposés pour rendre disponible l'emplacement de l'ancien évêché dans lequel étaient compris les terrains nécessaires à l'exécution de cette œuvre considérable, et pour permettre au chapitre de l'effectuer en y appliquant les fonds que Monseigneur l'évêque de Coislin avait laissés, y est-il dit, par son testament, pour cette destination (2). Ce mémoire est un de ceux que

---

(1) On avait parlé aussi de mettre l'hôtel de ville dans les édifices récemment construits pour le théâtre, et de transporter ce dernier sur la place Saint Jacques.

(2) La mention d'un legs de Monseigneur de Coislin pour cet objet est formellement exprimée dans le mémoire en question qui se trouve aujourd'hui

Blondel dut rédiger pendant le séjour qu'il fit à Metz en 1761 pour étudier la question de l'abbaye de Saint-Louis, lorsqu'il communiqua à M. d'Armentières l'idée de combiner les travaux qu'elle nécessiterait avec ceux qu'on devait faire bientôt au palais épiscopal.

La nouvelle fondation formée, comme je l'ai dit, de la réunion des anciennes abbayes de St-Pierre et de Ste-Marie récemment supprimées, avait hérité de tous les biens de ces deux maisons, et possédait entre autres les vastes emplacements qu'elles occupaient dans l'intérieur de la ville. La première question à résoudre consistait à choisir entre eux celui qui serait le plus convenable pour les édifices qu'on allait élever. Afin de préparer la décision de ce point, Blondel fit plusieurs projets pour chacune des deux hypothèses, et les appuya de différents mémoires. Nous possédons encore quelques-uns de ces documents aux archives de l'hôtel-de-ville. Dans l'un, Blondel conclut à l'adoption des terrains de Saint-Pierre; dans un autre, il propose les terrains de Sainte-Marie pour la nouvelle maison. C'est dans ce dernier, fort curieux du reste, qu'il est question en même temps de l'Évêché et du portail de la cathédrale. Suivant les considérations qui y sont développées, l'abbaye de Saint-Louis adoptant pour son siége définitif l'ancienne maison de Sainte-Marie, depuis le bas de la rue Pierre-Hardie et la rue du Faisan jusqu'à la rivière, aurait cédé à l'évêque les terrains de l'abbaye de Saint-Pierre et pris en échange le vieil hôtel épiscopal. Un palais grandiose aurait alors été élevé pour le prélat et ses successeurs sur l'emplacement de Saint-Pierre, d'où il était facile de le relier à la cathédrale par dessus la rue du Vivier, et où un plan indiqué à grands traits le montre s'étendant le long du quai et dominant la rivière par des terrasses d'un grand effet. Quant à la vieille cour épiscopale, elle devenait entre les mains du chapitre de Saint-Louis un domaine utile applicable à divers usages, et on faisait entrevoir la convenance d'en attribuer certaines parties à l'établissement de l'hôtel-de-ville et à celui d'une résidence pour le lieutenant de roi et d'une installation pour l'Académie. Dans ces conditions, on

---

aux archives de la ville (E. 77. 29. 5.) On ne peut cependant pas s'empêcher de remarquer que l'inscription gravée sur le portique et celle de la médaille frappée à l'occasion de sa construction ne mentionnent, comme y ayant contribué, que le chapitre de la cathédrale, et le roi en action de grâces de sa guérison à Metz en 1744.

pouvait sans inconvénient en consacrer une notable portion à l'ouverture d'une vaste place dessinée dans l'axe de la cathédrale, où elle dégagerait pour la première fois la façade de la basilique, et permettrait de faire pour le portail les édifices importants que rêvait déjà Blondel (1).

Cette combinaison ne fut pas adoptée. Le palais des évêques dut conserver son ancien emplacement ; mais Blondel réussit à en détacher une partie pour faire la place dont il avait conçu l'idée, moyennant qu'on abandonnât à titre de compensation à l'évêché les terrains de l'ancienne paroisse Saint-Victor qui s'étendaient derrière lui du côté de la place de Chambre. M. de Montmorency, qui était alors évêque de Metz, voulut bien se prêter à ces arrangements, et dès l'année suivante (1762) les principales transactions nécessaires à leur réalisation furent consenties entre lui et la ville, et autorisées par arrêt du conseil.

L'œuvre, laissée en souffrance par l'administration du duc de Belle-Isle, était reprise, corrigée et complétée ; et le maréchal d'Estrées, à qui Blondel en reportait plus tard le mérite, put ainsi, pendant la durée d'une administration malheureusement trop courte (1761-1771), non pas détruire tout le mal fait, dit-on, avant lui, mais du moins tirer le meilleur parti possible de ce qui n'avait pas été compromis, et donner aux communications et aux bâtiments dont il ordonna l'exécution un ensemble et un accord capables de faire honneur à sa mémoire. Il ne s'agissait pas là, dit Blondel dans les notes qu'il nous a laissées, de composer un de ces projets à perte de vue que peut enfanter l'imagination libre d'entraves ; on était dans le domaine le plus strict du réel, en présence de difficultés de tous genres créées par les travaux antérieurs ou par les convenances particulières de constructions variées ayant chacune leur destination spéciale ; on était limité dans la dépense par l'exiguité des ressources consacrées aux travaux projetés ; enfin, au point de vue de l'espace, on se trouvait enfermé dans l'étroite enceinte d'une ville de guerre, situation où l'économie du terrain est une loi de première nécessité pour les monuments publics aussi bien que pour les édifices privés ;

---

(1) A partir de cette première pensée (1761), Blondel médita longuement l'idée de son portail ; et ce n'est qu'en 1764, l'année même de l'exécution, il le dit dans ses notes, qu'il en donna définitivement les dessins.

car on ne peut, dit-il, les détruire d'un côté qu'à la condition de les relever un peu plus loin, sous peine de forcer les habitants de s'exiler et de décider ainsi de la ruine du commerce et de l'abandon d'une ville qu'on aurait rendue déserte en cherchant à l'embellir. Dans les grandes capitales non fortifiées, ajoute Blondel qui ne voulait pas être jugé en dernier ressort sur un plan conçu dans ces conditions défavorables, l'architecte peut librement exercer son génie, donner carrière à son imagination, et dessiner des plans dignes du prince, du ministre, et de ses propres talents. Mais, dit-il encore, on ne fait pas de projets sans entraves, et le grand art de l'architecte est d'obtenir que leur perfection s'en ressente le moins possible.

Blondel, qui trouvait avec raison trop exiguë la place d'Armes préparée par les travaux antérieurs, proposait d'en reculer les limites du côté opposé à la cathédrale jusqu'à l'alignement donné à peu près par le prolongement de la rue des Clercs, en abattant, à l'angle de la rue Fournirue, l'église Saint-Gorgon que l'on voulait alors conserver. La place aurait obtenu à ce prix quelques toises de plus en largeur. Dans ce projet, la nouvelle Princerie se serait élevée sur l'espace réduit donné depuis lors à l'hôtel de ville, et celui-ci aurait pris l'emplacement agrandi du corps-de-garde qui occupe maintenant le fond de la place. Cette partie des plans proposés par Blondel ne fut pas agréée ; il ne put pas non plus faire accepter complétement les modifications qu'il demandait pour la place Saint-Étienne. D'après les dispositions antérieures, elle devait être coupée en travers par la rue qui réunissait au moyen d'une pente adoucie la place d'Armes à celle de Chambre en passant devant le portail de la cathédrale. Pour faciliter cet arrangement, le grand escalier qui occupait autrefois toute la largeur de la place Saint-Étienne, avait été réduit à une rampe étroite reportée du côté de l'évêché, tandis que le reste avait été en partie remplacé par une terrasse qu'on avait déjà exécutée. Blondel voulait que la rue descendît en ligne droite à la place de Chambre ; il demandait en conséquence la suppression de la terrasse et le rétablissement des anciens degrés dont il comprenait le grand air, et qui avaient, disait-il, l'avantage de donner plus de dignité à l'une des entrées de la cathédrale et de l'espace à la place de Chambre. Pour compléter leur effet, il proposait de percer dans leur axe une rue qui ouvrît de ce côté sur la cathédrale une perspective intéressante. Cette rue nouvelle débouchait sur le quai des Roches, dont la construction entre ceux de Sainte-Marie et de Saint-Pierre était comprise aussi dans son projet. En même temps il régularisait la place de Chambre dans la direction du bas de la rue du Vivier, en ramenant au parallélisme ses deux faces latérales, et il la terminait de ce côté par une élévation architecturale qui formait la façade de l'église projetée pour l'abbaye de Saint-Louis. Quant aux bâtiments de cette maison, ils occupaient en arrière tout l'espace compris entre le quai Saint-Pierre redressé et la rue des Jardins, jusqu'à une ancienne ruelle qui descendait de la rue au quai, à la hauteur des casernes Saint-Pierre.

Comme on le voit, Blondel était contrarié dans ses vues sur les dimensions à donner à la place d'Armes où on voulait alors garder l'église Saint-Gorgon, et sur les dispositions à adopter pour la place Saint-Étienne où on conservait la terrasse du duc de Belle-Isle. Il fut seulement chargé de décorer cette terrasse en établissant à celle de ses extrémités où avait dû primitivement passer la rue, une seconde rampe de degrés symétrique à celle qui existait déjà du côté de l'évêché, et en donnant au mur qui la soutenait une ornementation dont le principal motif devait être une fontaine. Suivant ses plans, je viens de le dire, la rue qui passait le long de la façade de la cathédrale, débouchant sur la place d'Armes en face de l'ouverture de Fournirue, descendait d'autre part en ligne droite sur la place de Chambre. Cette rue nouvelle, qui a été exécutée, devait prendre le nom de rue de l'Évêque ; elle a reçu de nos jours celui de rue d'Estrées qui était alors réservé à une autre voie destinée par Blondel à s'ouvrir dans l'axe du futur portail, au bout de la place projetée de l'évêché. Quant à cette place, dessinée sur les terrains mêmes de la cour épiscopale, elle était malheureusement réduite à des dimensions très-restreintes que Blondel n'avait pas pu éviter, tout en reconnaissant leurs inconvénients. Elle devait malgré cela être magnifique, décorée à droite et à gauche par les façades des deux palais du parlement et de l'évêché dont elle formait comme l'avant-cour, et au fond par le frontispice de la cathédrale devant lequel on assurait par ces combinaisons une perspective suffisante. C'est là surtout ce qu'avait cherché à obtenir Blondel en traçant la nouvelle rue d'Estrées, qui, de plus, à son débouché sur la rue Pierre-Hardie, y découvrait une fontaine monumentale destinée à répondre symétriquement au portique moderne qui lui faisait face aux pieds de la vieille église.

Blondel exprime dans ses notes des regrets fréquents de la parcimonieuse économie avec laquelle on lui avait mesuré l'espace pour la composition de ses plans. Il se plaint souvent des dimensions exiguës imposées à ses places et surtout du peu de largeur accordé à ses rues. Il insiste surtout beaucoup sur ce point dans la critique qu'il a faite lui-même de ses travaux. Pour neutraliser autant que possible quelques-uns des inconvénients qui résultaient de ces conditions défavorables, il avait eu le plus grand soin de combiner géométriquement les lignes de son vaste projet, dans lequel tous les axes étaient parallèles ou perpendiculaires entre eux, sauf ceux de l'abbaye de Saint-Louis et des quais, qui formaient un système particulier dont la direction était fournie par le cours de la rivière. Il comptait sur cette régularité géométrique pour procurer à ses figures, par des effets de perspective, l'apparence d'une étendue qui leur manquait en réalité ; il la regardait en outre comme la base nécessaire des dispositions les plus propres à donner de la liaison et de l'harmonie aux diverses parties de son plan général. D'un autre côté, tout en subordonnant aux grandes combinaisons de l'ensemble les édifices distincts qu'il avait dû y comprendre, il s'était appliqué à réaliser dans chacun d'eux les conditions particulières de distribution et d'ornementation que pouvaient prescrire sa destination et sa nature spéciale.

L'abbaye royale de Saint-Louis dont les projets avaient été l'occasion du voyage de Blondel à Metz, allait s'élever sur le terrain antérieurement occupé au bord de la Moselle par la maison de Saint-Pierre, dont l'emplacement avait été définitivement préféré à celui de Sainte-Marie. Blondel, qui les avait étudiés tous les deux, avait fait pour le dernier deux projets, dont l'un surtout lui semblait présenter un véritable intérêt de nouveauté et, à cause de cela, mériter au moins d'être publié. Pour le terrain de Saint-Pierre, il en avait présenté trois. L'un d'eux plaçait l'entrée principale de la maison sur le quai. Celui qui fut choisi la mettait sur la rue des Jardins, dont le sol très-élevé assurait aux appartements de plein pied prenant jour du côté de la rivière, une vue riante embrassant l'île de l'intendance et le cours de la Moselle. Il n'était pas question, comme le fait remarquer Blondel, d'installer dans les conditions de sévérité requises par l'usage une maison cloîtrée, mais de créer un séjour agréable qui convînt à des dames chanoinesses de haute naissance, vivant chacune en particulier. Leurs logements étaient placés au centre des édifices, dont l'hôtel abbatial occupait l'extrémité voisine des casernes Saint-Pierre; le doyenné était du côté opposé, adossé à l'église, et la façade de celle-ci était tournée vers la place de Chambre, dont elle décorait l'extrémité. Cette église, dont nous avons les plans et élévations, avait pour partie principale une rotonde couverte d'un dôme formant le sanctuaire ; par derrière était le chœur capitulaire, et en avant se trouvait une nef très-courte accompagnée de deux bas-côtés. A l'extérieur, un péristyle servant de vestibule était formé par un avant-corps élevé de quelques marches au-dessus du sol de la place, et couronné par un fronton triangulaire que portaient quatre colonnes d'ordre corinthien. Ce projet avait été présenté au roi et approuvé par lui à Fontainebleau. Blondel paraît regretter que, parmi ceux qu'il avait proposés, la préférence ait été accordée à celui-là sur les autres qu'il trouvait supérieurs. Dès l'année 1764 on s'était mis en mesure de commencer les travaux. Le 4 août (1764) les châsses et les reliques de saint Pierre et de sainte Valdrée avaient été solennellement transportées à la maison de Sainte-Marie, où les dames s'étaient retirées pour y demeurer pendant la durée des constructions. Je ne sais quelles difficultés mirent après cela obstacle à l'accomplissement de l'œuvre. Le fait est que l'abbaye de Saint-Louis resta presqu'à l'état de projet, et qu'on n'en édifia que des parties insignifiantes.

Il en fut à peu près de même du palais épiscopal, dont on n'exécuta que les substructions et l'étage inférieur, sur la rue de l'Évêque (aujourd'hui d'Estrées) et sur la place de Chambre. Ces parties présentent une suite d'ouvertures en plein cintre d'un grand effet et pourraient justifier ce que Blondel dit à l'occasion de cet édifice, que, soutenu par les idées de magnificence de M. de Laval-Montmorency, évêque de Metz, dont il avait reçu les inspirations, il en avait traité la distribution intérieure dans la plus grande manière, et avait décoré l'extérieur dans un style noble et orné. Malheureusement ses dessins ne sont point parvenus jusqu'à nous, et uous ne connaissons que les dispositions principales de sa composition, d'après le petit plan d'ensemble qu'il a donné de ses projets de Metz dans son cours d'architecture. L'évêché, diminué de ce qu'on avait dû y prendre pour ouvrir la place nouvelle, avait reçu en dédommagement les terrains occupés par la vieille paroisse Saint-Victor et par l'extrémité de la ruelle aux Grus. Le palais était composé de deux grands bâtiments parallèles dirigés dans le sens de la rue de l'Évêque et d'un troisième corps-de-logis perpendiculaire aux premiers qu'il réunissait en coupant l'espace compris entre eux, de manière à former deux cours, dont l'une donnait de plein pied sur la nouvelle place de l'Évêché, tandis que l'autre dominait en terrasse la place de Chambre. A côté de ces édifices principaux, d'importantes dépendances, avec des cours sur la rue d'Estrées (aujourd'hui rue de la Cathédrale), occupaient tout l'espace compris entre cette rue, celle de Pierre-Hardie et la partie conservée de l'ancienne ruelle aux Grus (1), et communiquaient avec des jardins qui s'étendaient derrière les maisons de la rue du Faisan. La porte principale du palais et sa cour d'honneur donnaient sur la place de l'Évêché, vis-à-vis de l'hôtel du parlement. Le 9 juin 1765 le maréchal d'Estrées, tout en mentionnant quelques difficultés encore pendantes avec Monseigneur de Montmorency, écrivait qu'il n'était plus possible de différer l'entreprise de ces constructions, et que les plans étaient prêts à être mis sous les yeux du roi. On y travaillait en 1771, mais on ne dut pas tarder à suspendre les travaux, car il n'en fut exécuté que très-peu de chose.

L'hôtel du parlement non plus n'a pas été construit. Il comprenait symétriquement au palais épiscopal, tout le terrain qui bordait du côté opposé la place de l'Évêché et la rue d'Estrées (aujourd'hui de la Cathédrale). Comme pour l'évêché, la partie principale était vers la cathédrale ; les parties accessoires étaient vers la rue Derrière-le-Palais, où on leur avait consacré l'emplacement de l'ancien hôtel de ville près d'être reconstruit dans un autre endroit. L'espace obtenu ainsi était encore trop restreint pour les nombreux services dont il fallait procurer l'installation. Blondel eût bien voulu y ajouter tout celui qui s'étendait jusqu'à la rue de la Vieille-Tape, et jusqu'à la place Saint-Jacques ; mais des raisons d'économie n'avaient pas permis qu'il en fût ainsi, et avaient fait préférer, entre plusieurs projets présentés par lui, un plan dont la surface presqu'entière était couverte d'édifices, avec cinq cours intérieures de très-petites dimensions et à peine suffisantes pour donner aux bâtiments le jour et l'air nécessaires. Blondel déplorait surtout l'exiguité mesquine de la cour principale. Elle avait heureusement des sorties

---

(1) La ruelle aux Grus ou aux Sons passait derrière la paroisse Saint-Victor, entre cette église et l'ancien évêché, et allait du bas de la rue aux Ours à la place Saint-Étienne. Ce qui en reste forme la rue au Blé actuelle. Je dois à M. Clercx, bibliothécaire de la ville, la remarque intéressante de la synonymie de ses deux anciens noms : aux Grus et aux Sons. *Gruis* ou *Grus* signifiait *Sons* en vieux français ; la basse latinité en avait fait *Gruelli*. Le mot *Grus* s'est conservé avec la même signification dans le patois messin actuel.

sur chacune des deux places entre lesquelles le palais occupait une position d'angle saillant, et qui pouvaient lui servir de part et d'autre d'avant-cours. Blondel n'avait pu, dit-il, conserver dans ce projet, de véritable grandeur que pour un vestibule qui se trouvait du côté de la place d'Armes, et qui conduisait à un péristyle en colonnade régnant sur la cour d'honneur et aboutissant à un escalier à trois rampes. Le premier palier de cet escalier donnait accès à une chapelle circulaire, puis à la grande chambre, à la salle du conseil et à d'autres pièces occupant tout le premier étage. Le reste de la distribution était combiné de manière à assurer une installation suffisante au bailliage, aux prisons, à une conciergerie et enfin à un hôtel particulier pour le premier président. L'auteur convient que le défaut d'espace et l'irrégularité du terrain l'avaient forcé de rester, pour la décoration de cet édifice, dans des conditions de modestie qui n'indiquaient, dit-il, qu'un bâtiment public de second ordre.

De cet hôtel du parlement on n'a exécuté que l'élévation latérale sur la place d'Armes. Elle comprenait un avant-corps central accompagné de deux parties en retraite. Les deux tiers seulement de son étendue correspondaient aux édifices du parlement ; le reste, du côté de la rue de la Vieille-Tape, couvrait des maisons particulières. Cette construction présentait au rez-de-chaussée une rangée d'arcades dont le motif était fourni par le soubassement de l'hôtel de ville ; elle ne fut exécutée qu'assez tard, et elle avait surtout pour objet de compléter la décoration de la place. Il en était de même du pavillon du corps-de-garde construit vis-à-vis, à peu près sur les mêmes dessins, mais avec quelques variantes dans les dimensions et dans les dispositions décoratives. Le corps-de-garde occupait l'emplacement que Blondel voulait primitivement donner à l'hôtel de ville, après avoir augmenté toutefois ses dimensions au moyen de l'élargissement de la place. Mais cette combinaison avait été repoussée, nous dit-il, parce qu'elle entraînait la destruction de Saint-Gorgon que l'on voulait alors conserver, et qu'on se décida à supprimer quelques années après, trop tard malheureusement pour tirer de ce sacrifice tous les avantages qui en fussent résultés, si on eût pu dès l'origine en tenir compte dans la composition du plan général.

Depuis que le parlement s'était emparé, au commencement du dix-septième siècle, du vieux palais de la cité, l'hôtel de ville était relégué dans un emplacement étroit et insuffisant, derrière le palais lui-même, sur le prolongement de la rue Pierre-Hardie. La

construction d'un hôtel de ville plus convenable, décidée en principe
depuis longtemps, avait été définitivement résolue en 1761, et la
même année (29 août) un ordre du roi avait prescrit de l'élever
sur la place d'Armes. C'est d'après ces données que Blondel en
avait dressé les projets. Les premiers devis sont de l'an 1763 ; le
24 février 1764 un arrêt du conseil approuvait les plans ; les travaux
commencèrent dans le courant de la même année, et leur réception
eut lieu à la fin de 1771.

L'hôtel de ville, dans l'emplacement qui lui a été assigné, se
trouve adossé à des escarpements qui ne permettaient d'installer au
rez-de-chaussée que des dépendances peu importantes. L'architecte y a
établi un grand vestibule donnant accès, dans le milieu de l'édifice,
à un escalier monumental dont le palier intermédiaire correspond au
niveau des parties plus élevées, qui forment le derrière de l'hôtel sur
la rue de la Princerie. Le vestibule est en communication directe
avec la place par des arcades qui ont décidé de l'ordonnance générale
appliquée à la décoration de celle-ci. Ces arcades ornées de refends
procurent au monument un soubassement plein de fermeté, au-dessus
duquel l'artiste a dessiné au premier étage une rangée uniforme de
hautes fenêtres dont les proportions et la décoration ont un grand
caractère, et au second une suite de baies plus simples et de moindres
dimensions, surmontée d'une corniche mutulaire largement profilée. Le
plan de cette façade présente au centre un grand arrière-corps
flanqué de deux parties en saillie qui, dans l'élévation, sont cou-
ronnées de frontons. L'ordonnance est continuée de part et d'autre,
avec quelques modifications qui en diminuent l'accent, sur deux
arrière-corps qui accompagnent les trois parties constitutives du
motif principal et dont l'un dépendait alors de l'hôtel particulier du
princier de la cathédrale, tandis que l'autre, élevé pour faire symétrie
au premier, couvrait l'église ultérieurement supprimée de Saint-Gorgon.
Blondel avait suivi dans cette composition sa tendance naturelle à la
sévérité du style, à la simplicité des grandes lignes et à la sobriété
dans l'ornementation. Il semble s'y être notammment inspiré de la
pensée énoncée par lui dans ses leçons, que, pour des considérations
d'harmonie générale, il convient de donner une sorte d'austérité à
la physionomie des édifices d'une ville de guerre, « où, dit-il, tout
» monument doit se ressentir dans son ordonnance d'un certain
» genre de fermeté qu'impose l'art militaire. »

Le soubassement de l'hôtel de ville, composé d'arcades à refends fournissait, comme je viens de le dire, le thème décoratif qui était appliqué au pourtour entier de la nouvelle place d'Armes et qui en dessinait l'aire régulière. Il se retrouvait tout naturellement au rez-de-chaussée de la face latérale du parlement et du corps-de-garde qui occupaient ses deux extrémités; et sur le quatrième côté il formait le long de la cathédrale une galerie (1) qui complétait l'ensemble de l'ordonnance générale, en reproduisant symétriquement les divers mouvements de la façade de l'hôtel de ville et des arrière-corps qui l'accompagnaient. Blondel avait construit, nous dit-il, cette galerie aux frais du roi, et le chapitre à qui avait été cédé le terrain qu'elle occupait jusqu'aux murs de la cathédrale, y avait installé des boutiques qui s'ouvraient sous ses arcades et auxquelles on reconnaissait alors, entre autres mérites, l'avan-

---

(1) Un débat s'est élevé de nos jours à propos de cette galerie, entre quelques-uns qui veulent sa destruction parce qu'elle les empêche de voir le pied de la cathédrale, et d'autres qui demandent sa conservation parce qu'elle fait partie de l'ensemble décoratif de la place. Telles sont en effet les raisons qu'on fait valoir de part et d'autre. La disposition qui provoque cette contestation n'est pas unique. Il y a quelque intérêt à faire remarquer qu'elle existe à peu près dans les mêmes termes à Paris, dans la cour du palais de justice flanquée par la Sainte-Chapelle, comme la place d'Armes l'est à Metz par la cathédrale. A Paris, la cour du palais a reçu au siècle dernier, de l'architecte J.-D. Antoine, une décoration architecturale du même caractère que celle donnée par Blondel à notre place d'Armes. A Paris comme à Metz, cette décoration se réduit, le long de l'édifice ogival, à une galerie de médiocre largeur primitivement destinée à des boutiques (Quatremère de Quincy, *Histoire des plus célèbres architectes*. Paris, 1830). A Paris, on a reconnu un jour, comme on le fait maintenant à Metz, l'inconvenance de cette attribution eu égard au voisinage. Les marchands ont, en conséquence, été congédiés, mais on n'a pas pour cela démoli la galerie dont les édifices ont tout simplement reçu une autre destination. Personne n'a pensé à détruire la décoration régulière de la cour du palais pour laisser voir le pied de la Sainte-Chapelle. On ne dira pas, cependant, qu'on méconnaît la haute valeur de celle-ci; on sait quelles dépenses considérables ont été faites depuis vingt ans pour sa restauration, et il ne viendra certes à personne la pensée de contester sa supériorité sur la décoration composée par Antoine On laisse pourtant subsister le moindre édifice à côté du plus important, et on se résigne sagement à ne pas voir le pied de celui-ci pour conserver l'autre dans son intégrité. Pourquoi devrait-il en être différemment à Metz ?

tage de donner de la vie à cette partie de la cité. Tout cela s'éleva peu à peu; une lettre du maréchal d'Estrées, du 23 juin 1765, semble indiquer qu'il était à cette date question de l'entreprise de ces travaux. Les arcades décoratives de la place allaient se rattacher au système d'édifices qui accompagnait le grand portail, et complétaient ainsi la chaîne continue des lignes régulières qui embrassaient le grand corps de constructions composé avec tant d'art par Blondel. Car tout doit marcher d'accord, dit-il, dans un projet de cette importance, où il s'agit d'embellir une ville en combinant avec réflexion l'agencement des monuments sacrés, des édifices publics et des bâtiments particuliers, de manière à former du tout un ensemble satisfaisant.

Blondel avait difficilement pris son parti des étroites dimensions qu'il avait été obligé d'accepter pour la place d'Armes, surtout au pied d'un édifice immense comme la cathédrale. Pour corriger un peu le mauvais effet qui résultait suivant lui de l'extrême longueur de cette place par rapport à sa largeur, il en avait en quelque sorte retranché une partie du côté du parlement, en la séparant du reste par une petite terrasse bordée d'une balustrade et flanquée à ses extrémités de deux larges piédestaux servant de fontaines, et surmontés de trophées d'armes. Mais ce n'était là, il en convient, qu'un palliatif insuffisant pour un défaut qui était très-grave à ses yeux.

J'ai déjà dit avec quel soin Blondel avait combiné les grandes lignes de son plan d'ensemble et avec quel scrupule il avait ménagé la marche parallèle ou la rencontre perpendiculaire des axes de ses diverses parties. J'ai dit quelles précautions il avait prises pour y réunir convenablement des édifices de caractère différent dans la décoration desquels il avait dû conserver des traits propres à marquer leur distinction. Pour exprimer cependant l'étroite liaison qu'il entendait établir entre eux, il avait conçu la pensée de les souder pour ainsi dire à une pièce centrale d'une certaine importance, et c'est au portique destiné à servir de frontispice à la cathédrale qu'il avait réservé ce rôle intéressant, en traçant, comme il le dit, d'un même coup de crayon, quatre pavillons réguliers distribués de telle sorte que le portique lui-même était flanqué de deux d'entre eux, tandis que les deux autres occupaient symétriquement les angles voisins du palais épiscopal et de l'hôtel du parlement. Celui du parlement, qui existe encore, venait en retour, comme son correspondant du côté de la cathédrale, se lier au système décoratif de la place d'Armes auquel appartenait l'hôtel de ville, qui était par ce moyen rattaché à tout le reste. On voit ce que devenaient ainsi les édifices du portail qui, dans la conception de Blondel, devaient en cet endroit couvrir les parties inférieures de la vieille église restées nues jusqu'alors derrière les anciennes dépendances de l'évêché ; ils formaient le centre et comme le nœud de l'œuvre tout entière. En touchant à cette partie capitale de sa composition, Blondel s'appliqua à ne pas rester au‑dessous de ce qu'exigeait le rôle du premier ordre qu'il lui avait donné.

Le portail n'était pas conçu comme partie accessoire de la cathédrale devant laquelle il était posé, mais comme partie principale dans un grand ensemble de constructions qui allaient envelopper la basilique. C'est à ces constructions que Blondel entendait le rattacher et non à l'église ogivale, dont il fallait cependant ne pas perdre de vue le voisinage. Il était notamment indispensable, dit-il dans ses notes, de ménager le grand vitrail qui faisait dans cette partie toute la décoration de la vieille nef, et on ne pouvait guère donner à cause de cela au nouvel édifice, que la moitié à peine de la hauteur du pignon de l'ancien. Il n'était pas question au reste, pour Blondel, de composer une ordonnance gothique, mais il était nécessaire de trouver des combinaisons qui, en conservant le caractère de sévérité et de grandeur indispensable à un monument de cette nature, permissent à celui-ci d'assouplir en quelque sorte son style pour mieux supporter le contraste des dispositions capricieuses de l'architecture ogivale. La sévérité et la grandeur, Blondel les trouvait dans une ordonnance dorique qui pouvait parfaitement s'accorder avec le système général de décoration qu'il avait adopté pour ses constructions, où il avait cru devoir conserver une certaine simplicité. Quant aux concessions qu'il lui semblait convenable d'accorder au voisinage des formes ogivales, il les réalisait en diminuant l'accent d'austérité du dorique au moyen de quelques modifications autorisées par les maîtres, et réclamées, à ce qu'il lui semblait, par les exigences particulières de l'œuvre qu'il avait à accomplir. Ainsi, il ornait le fût de ses colonnes en faisant monter dans les cannelures, jusqu'au tiers de leur hauteur, des joncs convexes dont Mansart lui fournissait l'exemple à son célèbre château de Maisons ; il décorait en outre les chapiteaux de deux étages de feuilles pour lesquels il s'autorisait des gracieux modèles donnés par Pierre Lescot à la belle salle des antiques du vieux Louvre. Quant à la régularité sévère de l'entablement avec son ordonnance de triglyphes et de métopes, il la coupait par l'introduction d'une table saillante qui couvrait en partie la frise et l'architrave, et qui était réclamée pour l'inscription dédicatoire du monument. Ce sacrifice surtout semblait considérable à Blondel aux yeux de qui l'entablement dorique, qu'il avait tant travaillé, était un des grands traits de beauté de l'ordre. La liberté avec laquelle il en usait ici pour obéir aux circonstances, lui semblait à peine autorisée, il le dit lui-même, par celle qu'avaient prise dans les mêmes termes les Lescot et les Delorme, au Louvre et aux Tuileries. Enfin sous sa main le fronton qui couronnait le portique, abandonnant la raideur un peu sèche des formes rectilignes, se courbait en arc de cercle afin d'adoucir le contraste du nouvel édifice avec l'ancien.

On a pu blâmer les modifications introduites par Blondel dans le dorique de son célèbre portail. Pour être juste, on ne doit pas perdre de vue les motifs qui lui ont semblé les prescrire, et il faut reconnaître au moins qu'elles n'étaient pas le résultat d'un caprice puéril courant à la recherche de la nouveauté à tout prix, mais qu'elles étaient le produit d'un calcul profond et des combinaisons patientes d'un esprit consciencieux. Il semble que c'est pour ses juges, dans cette circonstance, que Blondel a écrit quelque part, à propos de la critique, cette réflexion sensée : que, faisant souvent abstraction des qualités de l'œuvre et s'adressant seulement à ce qu'elle prend pour des défauts, elle a le tort de n'entrer ni dans l'intention de l'artiste, ni dans les difficultés de son entreprise, tandis qu'un observateur attentif sait trouver, dit-il, les considérations qui parfois justifient ce qui l'a frappé.

Le portail était disposé en avant-corps et composé d'une ordonnance dorique dont l'entablement, surmonté d'un fronton, était porté sur des colonnes accouplées. Pour s'unir à l'ensemble de l'œuvre considérable dont il formait comme le centre, il s'appuyait sur deux arrière-corps accompagnés des pavillons qui, en se rattachant symétriquement à ceux du palais épiscopal et de l'hôtel du parlement, le liaient à ces constructions et à celles de la place d'Armes. Il y avait là une transition intéressante à ménager entre le monument religieux et les édifices civils, entre la majesté du premier et la simplicité marquée des autres. Blondel obtint cette transition en diminuant graduellement l'accent des diverses parties de sa façade. J'ai dit comment il avait traité le portique dans lequel il avait associé la grandeur de l'ordre dorique à quelques dispositions propres à adoucir son caractère d'austérité. Les arrière-corps étaient très-sobrement composés et toute leur ornementation consistait en deux niches d'un dessin grandiose encadrant les statues allégoriques de la Religion et de la France. Quant aux pavillons destinés à l'habitation, tout en conservant les nobles proportions indispensables à leur harmonie, d'un côté avec les parties latérales du portail, de l'autre avec les deux palais voisins, ils avaient déjà un caractère de simplicité suffisant pour leur permettre de s'accorder avec la décoration contenue de la place d'Armes.

Dans la pensée de l'artiste, les deux statues de la Religion et de la France, qui ornaient les arrière-corps, fournissaient l'allégorie des prières adressées au ciel en ce lieu, lorsque vingt ans auparavant le roi passant à Metz y avait été atteint par la dangereuse maladie qui avait alors failli l'enlever. L'inscription gravée sur le portique relatait ce souvenir et ajoutait qu'en action de grâces de cette guérison inespérée, le roi avait voulu contribuer pour une certaine part à l'exécution du monument élevé, y était-il dit, comme un témoignage à l'adresse de la postérité. Les même faits étaient rappelés sur une médaille frappée à l'occasion de cette construction importante pour consacrer la mémoire de son achèvement (1). Le portail dorique de Metz fournissait à Blondel l'occasion d'appliquer ses idées touchant le dessin des alettes sur les pieds droits de l'arcade, et la substitution du socle au piédestal ; il lui permettait aussi de réaliser les combinaisons qu'il avait imaginées pour l'accouplement régulier des colonnes. Il ne manqua pas de le faire, et le succès de l'exécution vint confirmer la justesse de ses patientes et ingénieuses inductions théoriques sur ces points de détail (2).

---

(1) L'inscription du portique existe encore ; elle est ainsi conçue : « In hoc
» templo, Ludovici XV in extremis positi salutem clerus et populus maximo
» animi ardore expostulabant. Deo favente revixit Ludovicus. In tanti beneficii
» memoriam porticum ædificari decrevit capitulum meteuse, augeri et ornari
» sumptibus suis rex ipse voluit, ut grati animi erga deum perenne monumentum
» stet apud posteros. A·R·S· MDCCLXIIII. » La médaille a 4 centimètres de
diamètre, elle porte au droit la tête du roi avec ces mots : « Ludovicus XV
» Rex christianiss. » Au revers on lit : « Ob restit. in urbem et an. 1744 opt.
» princ. salutem porticum ædis S. Steph. ab eccles. meten. decr. et inchoatum
» rex opis divinæ memor impensa sua perfecit. Curant. maresc. dux detrees
» praef. prov. anno 1764. »
(2) L'édifice du portail est colossal. Suivant les notes publiées par les Bénédictins dans leur histoire de Metz, il a 62 pieds 4 pouces et demi de hau-

Les explications qui précèdent montrent suffisamment, ce me semble, qu'aux yeux de Blondel le fameux portail était un édifice parfaitement distinct de la cathédrale, s'en détachant complètement par son caractère, et appartenant bien moins à la vénérable basilique qu'à l'ensemble régulier des nouvelles constructions qui devaient envelopper sa base (1), comme l'avaient fait antérieurement, mais avec moins d'ordre assurément, d'un côté le cloître et ses annexes, de l'autre les antiques manoirs de la vieille résidence des évêques.

---

teur sur 110 pieds 10 pouces de largeur ; les colonnes ont 4 pieds 1 pouce de diamètre ; l'arcade a 35 pieds 2 pouces de hauteur sur 16 pieds 4 pouces de largeur ; les niches des arrière-corps ont 19 pieds 4 pouces de hauteur sur 8 pieds 3 pouces de largeur. Elles portent les inscriptions suivantes : au-dessus de la statue de la France « Domine ecce quem amas infirmatur », au-dessus de la statue de la Religion « Vivet et tota die benedicent ei. »

(1) L'établissement, à la base de la cathédrale, d'une bordure de constructions nouvelles après la destruction des anciennes, semblait nécessité par l'irrégularité du plan extérieur de l'édifice sacré surchargé d'appendices de toutes sortes attachés confusément à ses flancs. C'est ainsi qu'on en jugeait il y a cent ans ; on ferait probablement à peu près de même aujourd'hui. L'ordre d'idées qui a présidé à la construction des églises ogivales a disparu depuis longtemps avec les circonstances qui l'accompagnaient. Les esprits au moyen âge n'étaient nullement choqués, d'innombrables exemples en témoignent, par des manques de symétrie ou d'alignement qu'on n'admettrait plus maintenant qu'en se faisant violence pour certaines considérations étrangères aux appréciations du goût. Les irrégularités du plan devaient d'ailleurs, on le comprendra, être admises sans grande difficulté, surtout pour l'extérieur des églises, à une époque où on élevait ordinairement celles-ci non dans des lieux isolés et découverts, mais au milieu même de l'épaisse agglomération des habitations, dans des villes dénuées de toute ordonnance régulière. Le sentiment, en cela, différait alors de ce qu'il est aujourd'hui, à ce point que le moindre espace resté libre autour des basiliques, était sans scrupule livré à des constructions accessoires serrées sur ses flancs, de manière à y remplir le plus souvent les intervalles compris entre les parties saillantes du plan, et à masquer en tout cas la figure réelle de celui-ci avec la base elle-même de l'édifice. On ne peut pas dire, sans doute, que ces pratiques fussent de l'essence même de l'architecture ogivale. Non certes ; mais il faut bien reconnaître au moins qu'elles ne paraissaient vraisemblablement pas trop contrarier son esprit, au jugement des hommes d'autrefois ; c'est ce qui explique leur universalité. L'architecture ogivale pouvait, grâce à son caractère tout spécial, s'accommoder, à ce qu'il semble, de ces conditions d'existence, et l'élancement de ses

C'est à ce point de vue qu'il faut se placer pour juger avec équité la solution qu'il a donnée à la question. On reconnaîtra ainsi qu'il ne s'y montre pas infidèle aux saines doctrines développées dans ses écrits, sur l'unité qui doit régner dans une œuvre d'art et présider aussi bien à la conception d'un ensemble décoratif qu'à l'agencement de ses diverses parties, et sur la prudence dont il faut user lorsque, pour des considérations sagement appréciées, on croit devoir modifier le caractère des ordres réguliers qu'on emploie, et notam—

---

lignes prenait peut-être en quelque sorte une valeur particulière de ce mode d'épanouissement, mystérieusement éclos au milieu même du désordre des constructions de toute espèce gisant aux pieds de nos cathédrales. Au reste, quelqu'explication qu'on en donne, le fait est incontestable : au moyen âge, le plan des églises était très-souvent irrégulier, surtout à l'extérieur, et leur base était ordinairement masquée par l'encombrement d'une foule d'édifices divers, groupés confusément autour d'elles. Quand le régime de nos villes commença à se modifier, et que la régularité s'introduisit dans l'ordonnance de nos places et de nos rues, on ne trouva le plus souvent le long des églises, que les lignes accidentées d'un plan irrégulier ; on avisa naturellement à raccorder ces momuments antiques avec les alignements observés dans les nouveaux arrangements, et pour cela on n'eut parfois qu'à substituer autour de leur base des constructions mieux réglées aux édifices confus que le moyen âge y avait accumulés. On restait ainsi dans l'esprit des usages anciens, en donnant satisfaction aux exigences nouvelles du goût. C'est, on le reconnaîtra, dans ces données que Blondel conçut le projet des constructions dont il enveloppait la base de la cathédrale, et c'est ce qu'il faut considérer pour juger son œuvre au point de vue spécial de la vénérable basilique qu'elle embrasse. Aujourd'hui qu'une louable et soigneuse curiosité préside à toutes les dispositions dont nos vieilles églises sont l'objet, on n'hésite cependant pas pour cela davantage à remédier aussi aux irrégularités du plan extérieur de ces monuments. Si la cathédrale de Metz se trouvait demain isolée, on s'empresserait, n'en doutons pas, de l'enfermer dans les lignes régulières de constructions accessoires, et on se croirait très-probablement obligé de l'envelopper pour le moins, comme on le fait ailleurs, d'un mur et d'une grille. Cet arrangement est à peu près de règle aujourd'hui. Mais de semblables mesures ne doivent, on le comprend, être prises qu'avec discernement. La nature des édifices dont elles entraîneraient la ruine commande parfois, non sans raison, de les rejeter. C'est ce qui a eu lieu notamment, comme je l'ai dit, à Paris, pour la cour du palais sur le flanc de la Sainte-Chapelle. C'est aussi ce qui convient incontestablement à Metz, pour les constructions décoratives de la place d'Armes élevées par Blondel aux pieds de la cathédrale.

ment altérer la simplicité essentielle de l'ordre dorique. En revenant à ses ouvrages, on trouverait le germe de sa création dans quelques-unes des théories qu'il y expose touchant la recherche du simple et du grand, les oppositions qui sont comme l'âme de la symétrie, la proscription des ordres superposés, l'application des ordonnances colossales à la décoration exclusive des édifices sacrés et les données générales de la composition des portails, sur lesquels il a écrit un chapitre particulier.

En analysant le plan d'ensemble de Blondel, j'ai dit que dans l'axe de la cathédrale il avait ouvert une place puis une rue prolongée jusqu'à la rencontre de celle de Pierre-Hardie, et qu'à ce point il avait placé en regard du nouveau portail, et comme pour lui faire symétrie, une fontaine monumentale. Il n'entre dans aucun détail explicatif sur cette composition ; mais on serait tenté d'y appliquer ce qu'il dit ailleurs d'un semblable édifice composé par lui, et décrit longuement dans ses leçons comme faisant partie d'un grand projet de décoration pour une de nos villes frontières. Je ne connais de Blondel que deux projets de ce genre : celui de Metz et un autre pour Strasbourg. Or, dans les plans de Strasbourg il n'y a pas de fontaine. Il serait donc possible qu'il s'agît ici de celle qui est indiquée dans le projet de Metz. S'il en était ainsi, il faudrait admettre pour cette construction une importance beaucoup plus grande que ne le fait supposer le peu qu'en dit l'auteur dans sa description générale. La fontaine destinée à la ville frontière que Blondel ne nomme pas, devait servir de frontispice à un château d'eau placé derrière elle au fond d'une cour. Le monument comportait deux élévations adossées l'une à l'autre ; celle qui donnait sur la cour était composée dans le caractère de l'ordre toscan dont l'expression austère avait paru convenir particulièrement à la décoration du château d'eau avec lequel il fallait mettre en harmonie cette élévation intérieure. Quant à la façade extérieure, elle présentait une ordonnance dorique encadrant une statue en bronze de Neptune. Le mouvement de ses lignes formant deux petits avant-corps saillants était calculé, nous dit Blondel, pour être aperçu d'un point de distance assez éloigné. Des jets abondants s'échappaient du soubassement des deux avant-corps, et au milieu une large ouverture donnait passage à une nappe d'eau d'un volume considérable.

Nous connaissons les plans de Blondel. Pour les apprécier, il faut tenir compte des circonstances dans lesquelles il les a produits et des difficultés qu'il a eu à vaincre ; il faut se représenter la situation de l'artiste souvent obligé de lutter, comme il le dit, contre les intentions parfois mal digérées de ceux qui l'emploient, et penser aux labeurs qu'il en coûte, ajoute-t-il, pour concilier ces intentions avec les préceptes de l'art et le soin d'une célébrité déjà acquise. Blondel avait profondément étudié l'œuvre qui lui avait été confiée; il l'a formulée avec talent. On doit regretter que le bel ensemble qu'il avait conçu n'ait pas été complétement réalisé. Le portail de la cathédrale, la place d'Armes et l'hôtel de ville que nous voyons aujourd'hui n'en sont qu'une portion ; ils forment néanmoins un groupe intéressant, solidement constitué par l'étroite liaison de ses parties. La place Saint-Étienne a conservé la seconde rampe d'escaliers qui est due aussi à Blondel, et la décoration que, bien à contre cœur, il avait été obligé de faire pour le mur de la terrasse, avec la petite fontaine qu'il y a adossée. Il est fâcheux qu'il n'ait pas pu, comme il le demandait, rétablir dans toute leur largeur les degrés qu'avait remplacés cette terrasse et ouvrir devant eux la rue et le quai des Roches que nous attendons encore. On peut espérer voir exécuter un jour cette dernière partie de ses plans ; quant au reste, il n'est plus réalisable et il faut se borner à faire des vœux pour que ce qui en existe actuellement soit respecté. L'abbaye de Saint-Louis à peine commencée n'a laissé que des traces insignifiantes dans le massif de maisons qui s'élève entre la rue des Jardins et le quai Saint-Pierre. Le palais épiscopal a dû céder au marché couvert une partie notable de l'espace qui lui était réservé, avec la faible portion des constructions commencées pour lui ; le reste de son emplacement aussi bien que celui de l'hôtel du parlement est occupé aujourd'hui par des maisons privées, et de ce dernier édifice nous n'avons comme souvenir, que sa façade latérale sur la place d'Armes, vis-à-vis du corps-de-garde.

Nous devons mentionner encore un dernier projet donné à Metz par Blondel. Il concernait la décoration intérieure de la cathédrale à laquelle le chapitre voulait faire travailler, et dont on avait demandé à l'artiste de s'occuper. « Cette église, dit-il, est un des plus beaux » édifices gothiques que nous connaissions et un des avantages du » lieu est que le sol du sanctuaire et du chœur est plus élevé que » celui de la nef d'environ sept pieds ; disposition qui nous a fait » accepter avec le plus grand plaisir la proposition qui nous fut » faite de donner les dessins de cette décoration, d'en faire faire le » modèle sous nos yeux et de veiller à la conduite de cette restaura- » tion importante. » Ces travaux restèrent au surplus à l'état de projet. Blondel voulait publier la description des plans qu'il avait dessinés pour eux ; malheureusement il se réservait de le faire dans la dernière partie de son cours d'architecture que la mort l'empêcha de terminer.

Blondel, je l'ai déjà dit, n'était pas constructeur, il s'était contenté à Metz d'étudier et de donner des plans; ce qui en a été exécuté est dû à un homme expérimenté , à Gardeur dit Le Brun (1), ingénieur de la ville. C'est par ses soins qu'avait été notamment construit le portail; Blondel en loue l'exécution , assurant qu'à Paris même , il ne connaît guère d'édifice mieux appareillé et montrant une main-d'œuvre plus accomplie. Le Brun avait aussi dirigé la construction ainsi que la distribution et l'ornementation intérieures de l'hôtel de ville , auquel Blondel déclare modestement qu'il n'eût d'autre part que d'en avoir donné les dessins. Le reste de la décoration de la place d'Armes fut vraisemblablement exécuté de la même manière. Les lettres du marquis d'Armentières et du maréchal d'Estrées pendant la période de 1761 à 1768, mentionnent fréquemment Le Brun et montrent l'estime qu'on faisait de lui et l'importance de la part qu'il prit aux grandes constructions du temps.

Quant à Blondel, si l'honneur qui peut résulter de la bonne conduite des travaux de Metz ne lui revient pas, la responsabilité de leur interruption ne lui incombe pas non plus. Son rôle avait dû se borner à en faire les plans, et nous savons qu'il accomplit avec conscience et talent cette grande tâche. A lui l'invention , à d'autres l'exécution. Celle-ci était, pour une partie , le fait du constructeur habile à qui tout le premier il en reportait le mérite; et pour le reste elle dépendait de l'administration qui en avait la haute direction. C'est à celle-ci qu'il faudrait demander compte de la suspension des travaux avant leur entier achèvement, et on pourrait mettre en cause sur ce point le maréchal d'Estrées, si on ne savait que l'accomplissement de l'œuvre se poursuivit avec activité pendant toute la durée de son gouvernement. et si sa mort, arrivée trop tôt en 1771, ne le mettait à l'abri de toute recherche sur ce qui put advenir ultérieurement. Jusqu'à ce moment les plans de Blondel

---

(1) Le journal de Metz de 1765 mentionne parmi les membres titulaires de la Société royale des sciences et arts de Metz, M. Le Brun , professeur de mathématiques de l'école du corps royal d'artillerie et architecte de la ville; il demeurait alors rue des Prisons-Militaires.

avaient été suivis avec exactitude. On avait terminé le portail, la place Saint-Etienne et la place d'Armes, celle-ci comprenant l'hôtel de ville avec la princerie et l'élévation symétrique qui couvrait Saint-Gorgon, le corps-de-garde, la galerie qui longe la cathédrale, et la face latérale du parlement. Tout cela existe encore aujourd'hui. En 1771 le maréchal de Broglie succéda au maréchal d'Estrées dans le gouvernement de Metz ; les plans de Blondel semblent avoir été aussitôt abandonnés. A la date du mois de décembre de cette année (1771), nous trouvons un plan nouveau qui paraît indiquer un retour à la pensée formulée par Jean Antoine en 1752, et reprise une seconde fois, à ce qu'on peut croire, en 1758, d'ouvrir une grande place dans l'axe de la cathédrale entre la façade de celle-ci et les rues Pierre-Hardie et Derrière-le-Palais. Sur le plan de 1771, cette place, qui devait avoir 50 toises environ dans un sens et 60 dans l'autre, présente la figure d'un carré dont les angles sont coupés. Le dessin n'indique d'ailleurs en rien ce qu'on entendait faire dans cette combinaison nouvelle pour l'évêché ni pour le parlement. Au reste, on ne semble pas avoir abordé l'exécution de ce projet. Les travaux de Metz furent alors à peu près arrêtés et retombèrent dans la voie d'hésitation, de tâtonnements et d'abandon où ils s'étaient traînés pendant les dernières années de l'administration du duc de Belle-Isle, et d'où les avaient fait sortir, pour la période de dix ans qui venait de s'écouler, l'administration éclairée du maréchal d'Estrées et le talent de Blondel.

V.

Les projets de Metz sont l'œuvre capitale de Blondel. Ils plurent beaucoup dans leur temps et valurent à leur auteur l'avantage d'être envoyé un peu plus tard à Strasbourg, pour y étudier encore un plan d'ensemble. L'économie de celui-ci ne résidait plus comme celle du premier dans la réunion sur un point circonscrit des divers éléments d'une grande décoration architecturale ; elle consistait dans la rectification générale des rues de l'antique cité, et principalement dans le réglement et l'ornementation d'une longue ligne de parcours qui la traversait depuis la porte de Saverne, du côté de la France, jusquà celle des Bouchers, du côté de l'Allemagne. Ce plan comprenait l'ouverture de nouvelles voies et l'alignement des anciennes, la régularisation de plusieurs places et carrefours, la construction de casernes, celle d'un théâtre et d'un palais du sénat. Ce dernier édifice avait été de la part de Blondel l'objet d'une étude toute particulière; il avait fait pour lui quatre projets différents, et paraissait estimer comme un de ses meilleurs ouvrages celui qui avait été adopté. Il avait, à ce qu'il dit, trouvé des combinaisons nouvelles et intéressantes pour sa distribution; au dehors il l'avait décoré d'une ordonnance ionique.

Blondel avait été envoyé à Strasbourg par le duc de Choiseul à qui les magistrats avaient demandé, en 1764, un architecte habile, capable de donner les plans des édifices importants qu'ils voulaient élever dans leur ville. Les études furent commencées en 1767, pendant un voyage préparatoire que Blondel fit pour prendre connaissance des lieux, et pour esquisser et discuter sur place un avant-projet qu'il revint soumettre à M. de Choiseul. Le ministre encourageait l'artiste à faire du grand, pendant qu'en Alsace les influences municipales cherchaient à le retenir dans les limites resserrées d'une économie conseillée par la prudence administrative. A la suite de ces travaux préliminaires, un nouveau séjour de cinq mois dans la vieille cité alsacienne fut consacré à la rédaction définitive des projets, qui, après avoir été acceptés, comme le dit Blondel par l'état-major la noblesse le clergé et la bourgeoisie, furent agréés par le ministre, et présentés à Marly par leur auteur accompagné du maréchal de Contades commandant de Strasbourg et de M. Gayot préteur royal de la ville. L'automne suivant (octobre 1768), ils furent approuvés par le roi, et un arrêt du conseil ordonna leur exécution. Blondel les avait appuyés de nombreux mémoires destinés à en diriger la mise en œuvre. Les magistrats apportèrent d'ailleurs une scrupuleuse attention à tout ce qui pouvait faciliter les opérations et empêcher qu'aucun citoyen ne fût lésé dans ses intérêts; en sorte que cette entreprise qui partout ailleurs eût paru, dit Blondel, insurmontable, s'exécutait avec une facilité inattendue : « tant il est vrai, ajoute-t-il, que la prudence, » l'aménité et l'urbanité dont usent les chefs, peuvent surmonter les » plus grands obstacles. » Ce n'est pas ainsi qu'on avait procédé une douzaine d'années auparavant à Metz, dans des circonstances analogues.

Cependant à Strasbourg comme à Metz, les plans de Blondel ne furent pas entièrement réalisés; on accomplit seulement certains travaux de rectification et d'alignement dans les rues et sur les places, on commença les nouvelles casernes, on entreprit même la décoration proposée pour la place d'Armes. Cette décoration consistait en un travail de planimétrie tendant à donner un peu de régularité à la configuration bizarre de la place et en une élévation architecturale uniforme pour les édifices qui l'entouraient. Mais ici Blondel n'avait plus un Le Brun pour donner un corps à sa pensée, pour comprendre ses vues et rendre ses intentions. Il se plaint formellement du manque complet de goût et de connaissances des constructeurs qui entreprirent à Strasbourg l'exécution de ses plans, et il déplore la barbare transformation que subissaient entre leurs mains les détails délicats de ses combinaisons architectoniques et de ses profils. C'est peut-être au souvenir de ces mécomptes que, dans ses écrits et à propos des projets de ce genre qu'un architecte peut être appelé à donner pour une ville de province, il recommande à ses élèves de s'attacher surtout au bon agencement des grandes lignes du plan et au mouvement de ses masses, par la distribution bien calculée des parties symétriques et par le jeu franchement indiqué des corps saillants ou rentrants. Voilà, dit Blondel, les beautés qui se feront surtout remarquer, tandis qu'il faut moins compter sur les effets d'architecture proprement dite, parce que leur valeur résulte surtout de l'exactitude des proportions et de la précision des détails, lesquelles dépendent essentiellement du mérite de l'exécution et de l'habileté des constructeurs à qui elle sera confiée ; et dans les provinces, ajoute-t-il, on doit s'attendre à trouver peu de ressources de ce genre.

A Cambray comme à Strasbourg, comme à Metz, on désira aussi avoir des plans de Blondel pour les embellissements qu'on se proposait de faire dans cette ville. Le célèbre architecte y avait été appelé par l'archevêque, Mgr de Choiseul, frère du puissant protecteur à qui il devait déjà les grands travaux de Metz et de Strasbourg. Cependant à Cambray Blondel semble s'être borné à donner les dessins du palais archiépiscopal pour lequel l'irrégularité du terrain l'avait, dit-il, conduit à imaginer une forme nouvelle. Il regardait les projets qu'il avait faits à cette occasion comme particulièrement intéressants, et se proposait de les publier; il n'a malheureusement pas réalisé cette pensée.

Blondel parle encore de plans qu'il avait composés pour la Flandre. Ils concernaient, à ce qu'on peut croire, l'antique abbaye de Saint-Amand, aux environs de Valenciennes, pour laquelle il dit ailleurs avoir fait des projets. Ces plans n'ont pas été publiés non plus, malgré l'intention annoncée par leur auteur de les faire connaître ; il y a au surplus quelque raison de douter qu'ils aient été réalisés et qu'on doive par conséquent leur rapporter les édifices détruits à Saint-Amand pendant la Révolution, et dont il ne reste plus, dit-on, aujourd'hui qu'une tour fort élevée (1).

A côté de ces grands projets, Blondel avait fourni celui plus modeste d'un système de décoration pour le chœur de la cathédrale de Châlons-sur-Marne. A Paris et dans ses environs, on lui devait encore des plans de plusieurs constructions et quelques compositions, parmi lesquelles on en cite une pour l'arsenal, et une autre, moins positivement connue, pour la place Louis XV, où fut réalisée depuis lors l'élégante création de Gabriel. Ajoutons enfin, d'après son propre témoignage, que c'est sur ses dessins qu'avait été décorée à Paris la galerie de l'hôtel du duc de Choiseul confiée au pinceau de Lafosse, et rappelons les projets donnés par lui, dont la description fait l'objet d'un des volumes de son premier ouvrage, et ceux qu'il avait composés, dit l'introduction de l'Encyclopédie, pour divers souverains étrangers.

Nous avons déjà mentionné l'intention où était Blondel de publier les plans qu'il avait composés pour Metz, Cambray, Strasbourg et Saint-Amand. Il comptait les joindre à un choix des monuments les plus remarquables de nos villes de province, pour faire suite à ceux de Paris et de ses environs, dans son recueil de l'*Architecture française*. Mais il fut obligé, nous l'avons dit précédemment, de laisser inachevé cet important ouvrage, dans lequel il aurait fait entrer la description de ses travaux. Quelques mots de ses trop succinctes biographies semblent indiquer que les dépenses occasionnées par l'impression des quatre premiers volumes, le forcèrent à interrompre brusquement cette grande publication et lui causèrent même des embarras d'argent dont il ne put jamais se libérer complétement. A la fin de sa vie, il résolut cependant de donner dans un dernier ouvrage, qui serait comme son testament d'artiste, le tableau complet de ses études ; il le fit sous la forme modeste de l'in-octavo. C'est ainsi que parurent en 1771 les deux premiers tomes de son *Cours d'architecture*, dont nous avons déjà parlé. Nous avons dit qu'ils furent suivis des

----

(1) R. de Hesseln écrivait, en 1771, dans son *Dictionnaire universel de la France*, que les magnifiques bâtiments de l'abbaye de Saint-Amand étaient dûs à M. Dubois qui en était abbé en 1648. Saint-Amand était une abbaye située près du bourg de Saint-Amand-les-Eaux, à trois lieues de Valenciennes.

tomes III et IV en 1772 et 1773, et que la mort empêcha l'auteur de donner les derniers qui furent publiés ultérieurement par l'architecte Patte.

Blondel écrivait avec facilité, quelquefois avec chaleur ; il avait en outre beaucoup de talent comme dessinateur, et il gravait avec esprit ; les planches de ses ouvrages sont en grande partie de sa main. Ses contemporains louent son caractère et affirment qu'étranger à tout sentiment de basse jalousie, il savait applaudir aux succès de ses confrères, de ceux mêmes qui après avoir été ses élèves étaient devenus ses collègues à l'Académie. Nous n'avons, comme nous l'annoncions en commençant, que très peu de chose à dire de sa vie privée qui paraît n'avoir été marquée par aucun incident digne d'être rappelé. Il avait été marié deux fois, et il laissa en mourant un fils âgé de dix ans (1). Nous ne connaissons pas sa première femme ; quant à la seconde, qu'il avait épousée étant déjà vieux, elle était fille de la fameuse Silvia, célèbre comédienne de ce temps (2).

Dans ses dernières années, Blondel fut en proie à de cruelles maladies. En même temps il avait à supporter les difficultés d'une situation de fortune compromise par les dépenses considérables qu'il avait faites pour la publication de ses ouvrages, et même, si l'on s'en rapporte aux insinuations d'un biographe, par les imprudences auxquelles avaient pu l'entraîner un certain penchant à la prodigalité et quelqu'inclination pour les plaisirs. Son humeur était devenue difficile, et elle

---

(1) A la suite de l'article relatif à Jacques-François Blondel, on trouve dans les biographies universelles de Michaud et de Didot, la mention d'un Jean-Baptiste Blondel, dernier rejeton, y est-il dit, de cette illustre famille d'architectes et architecte lui-même. Serait-ce le fils laissé par Jacques-François, et âgé de 10 ans à la mort de son père, en 1774 ? Jean-Baptiste serait mort, suivant la biographie de Didot, en 1817 ; suivant celle de Michaud, en 1825 ; c'est-à-dire qu'il aurait vécu, si notre conjecture est vraie, jusqu'à l'âge de 50 ou 60 ans environ. Il avait été architecte de la ville de Paris, et ses principaux travaux sont ceux de la Rotonde du Temple et du Marché St-Germain.

(2) Zanetta-Rosa Benozzi dite Silvia, était née à Toulouse ; c'était une excellente comédienne dont le talent se révéla surtout dans les pièces de Marivaux, et dont la carrière théâtrale se prolongea, dit-on, pendant près d'un demi-siècle. Elle était arrivée à Paris avec la troupe italienne que le régent y avait appelée en 1716, et elle avait épousé, en 1720, Joseph Balletti dit Mario, qui appartenait à la même compagnie.

s'altéra, dit-on, assez pour mettre à une véritable épreuve le mérite généralement reconnu de la jeune femme à laquelle il s'était tardivement uni. Cette fin douloureuse terminait un peu tristement une carrière qui avait été, ce semble, jusqu'alors facile et brillante. Etaient-ce là de ces revers immérités que la fortune associe quelquefois par un jeu cruel à ses faveurs? ou bien était-ce peut-être la peine de quelqu'un de ces écarts de conduite qui ne sont pas toujours incompatibles avec les grands talents de l'artiste, ni même avec l'habitude du travail et le goût de l'étude? Les derniers jours vinrent enfin; Blondel sentit la mort s'approcher; il lui sembla digne de la recevoir en quelque sorte dans la chaire qui avait été l'honneur de sa longue vie. Il se fit porter dans son école du Louvre; c'est là qu'il mourut le 9 janvier 1774. Il était âgé de 69 ans.

L'importance du rôle de Blondel parmi les artistes de son temps est incontestable; son influence sur les développements de l'art n'est pas moins certaine. Le témoignage formel de ses contemporains, le tableau des évolutions du goût pendant son siècle en font foi. A un certain jour, c'est lui que choisissent, pour l'attacher à leur entreprise, les philosophes qui dirigeaient la vaste publication de l'Encyclopédie avec le concours des hommes les plus éminents de l'époque dans chaque spécialité. Parmi tant d'autres, c'est Blondel qu'ils appellent à eux ; c'est à lui qu'ils demandent ce qui devait être dit sur l'architecture dans le grand ouvrage. Ailleurs les hommes de son art affirment qu'ils le tiennent pour le champion le plus ferme des saines doctrines, et proclament l'immense service qu'il a rendu à l'architecture moderne en excitant et en dirigeant la vigoureuse réaction qui devait l'arracher à la dégradante tyrannie de la mode. On sait ce qu'était devenu le goût général à ce moment ; on connaît aussi les tendances contraires qui commencent alors à se manifester et qui se développent graduellement d'une manière significative à partir de cette époque. Qu'on rapproche ces indices, qu'on réunisse ces traits épars; on se convaincra que Blondel, trop oublié, mérite en réalité de tenir une place honorable dans les annales de l'art, et qu'on ne doit pas, sous prétexte de révolution nouvelle dans les dispositions du goût, refuser considération à ses travaux.

Ne sommes-nous pas d'ailleurs d'un temps où on se pique d'impartialité et d'éclectisme? Soyons donc justes pour tout le monde. L'architecture moderne à la régénération de laquelle Blondel s'est consacré, l'architecture moderne est un art vraiment original et non pas un pastiche, comme quelques-uns ont voulu le dire. A partir de la renaissance, qui lui ouvre la voie, elle s'est constituée progressivement d'après les idées et les besoins du temps; elle existe au même titre que l'architecture du moyen âge et que celle de l'antiquité; comme celles-ci, elle correspond à une des grandes phases de la vie de l'humanité, à une phase à laquelle nous appartenons nous-mêmes et que nous ne méconnaissons peut-être que parce que nous la voyons de trop près. Secouons donc un préjugé qui nous aveugle; répudions un esprit de dédain systématique et de dénigrement inconsidéré qu'on a vu parfois s'attaquer, faut-il le rappeler, aux choses mêmes les plus dignes de respect et qui ne prouve rien contre elles. L'architecture moderne est un art recommandable, n'hésitons pas à le reconnaître; c'est au nom de la raison et du bon goût qu'on prétend la condamner; souvenons-nous au moins qu'en d'autres temps elle a eu l'approbation de tous, et qu'elle a reçu l'hommage des études que lui ont consacrées des hommes sérieux et sincères; n'oublions pas enfin qu'elle a servi à l'expression de la pensée d'artistes habiles et éclairés.

Non, l'architecture moderne ne saurait être ni méconnue ni dédaignée; elle est l'âme des constructions d'une époque considérable; Blondel y a marqué sa trace; son nom ne doit pas être séparé du souvenir de l'art qu'il a utilement servi. Ne refusons pas justice à un homme qui a bien mérité; considérons ses titres et reconnaissons leur valeur; honorons l'artiste, respectons son œuvre.

Juillet 1860.

Le temps, qu'on rend responsable de bien des ravages, n'est peut-être pas, on l'a dit souvent, le plus grand ennemi des ouvrages des hommes. Les hommes eux-mêmes dans leurs caprices, sont d'infatigables faiseurs de ruines. Les édifices élevés à Metz sur les dessins de Blondel, quoiqu'ils ne fissent qu'une partie de l'ensemble de son vaste projet, formaient cependant un groupe bien lié comprenant le portail de la cathédrale avec la décoration complète de la place d'Armes et l'hôtel de ville. Construits pendant les dix années de l'administration du maréchal d'Estrées (1761 — 1771), ils étaient arrivés intacts jusqu'à nous. Quoiqu'en fort bon état, ils se trouvaient cependant sous le coup d'une menace de destruction. Dans le court intervalle qui s'est écoulé entre la rédaction et l'impression de la précédente notice, la menace s'est réalisée; les démolisseurs ont commencé leur besogne. On nous demandera compte un jour de cet acte de barbare mutilation.

LÉGENDE DES PLANS.

A *Cathédrale.*
B *Évêché.*
C *Parlement.*
D *Hôtel de ville.*
E *Corps-de-garde.*
F *Abbaye Saint-Louis.*
G — *Saint-Pierre.*
H — *Sainte-Marie.*
I *Eglise Saint-Victor.*
J — *Saint-Gorgon.*
K — *Saint-Pierre-aux-Images.*
L — *St-Paul et chap^le des Foës.*
M — *Saint-Pierre-le-Vieux.*
N *Chapelle des Lorrains.*
O *Cloître.*
P *Logis des chantres.*
Q *Princerie.*
R *Greniers du chapitre.*
S *Moulins de la ville.*
T *Maisons de la ville.*
U *Maisons privées.*
a *Place d'Armes.*
b — *Saint-Étienne.*
c — *de Chambre.*
d — *Saint-Jacques.*
e — *de l'Évêché.*

f *Passage public.*
g *Rue des Clercs.*
h — *Nexirue.*
i — *aux Ours.*
k — *Derrière-le-Palais.*
l — *Pierre-Hardie.*
m — *du Faisan.*
n — *aux Grus ou aux Sons.*
o — *de la Vieille-Tape.*
p — *Fournirue.*
q — *de la Princerie.*
r — *du Four-du-Cloître.*
s — *du Haut-Poirier* allant à Chè-vremont.
t — *du Vivier.*
u — *des Roches.*
v — *du Pont-des-Roches.*
x — *de l'Évêque (aujourd'hui d'Es-trées.)*
y — *d'Estrées (aujourd'hui de la Cathédrale.)*
z — *des Jardins.*
aa *Quai Saint-Pierre.*
bb — *des Roches.*
cc *Pont des Écluses.*
xx *Fontaine.*

Metz. — Imp. de Rousseau-Pallez, rue des Clercs, 14.

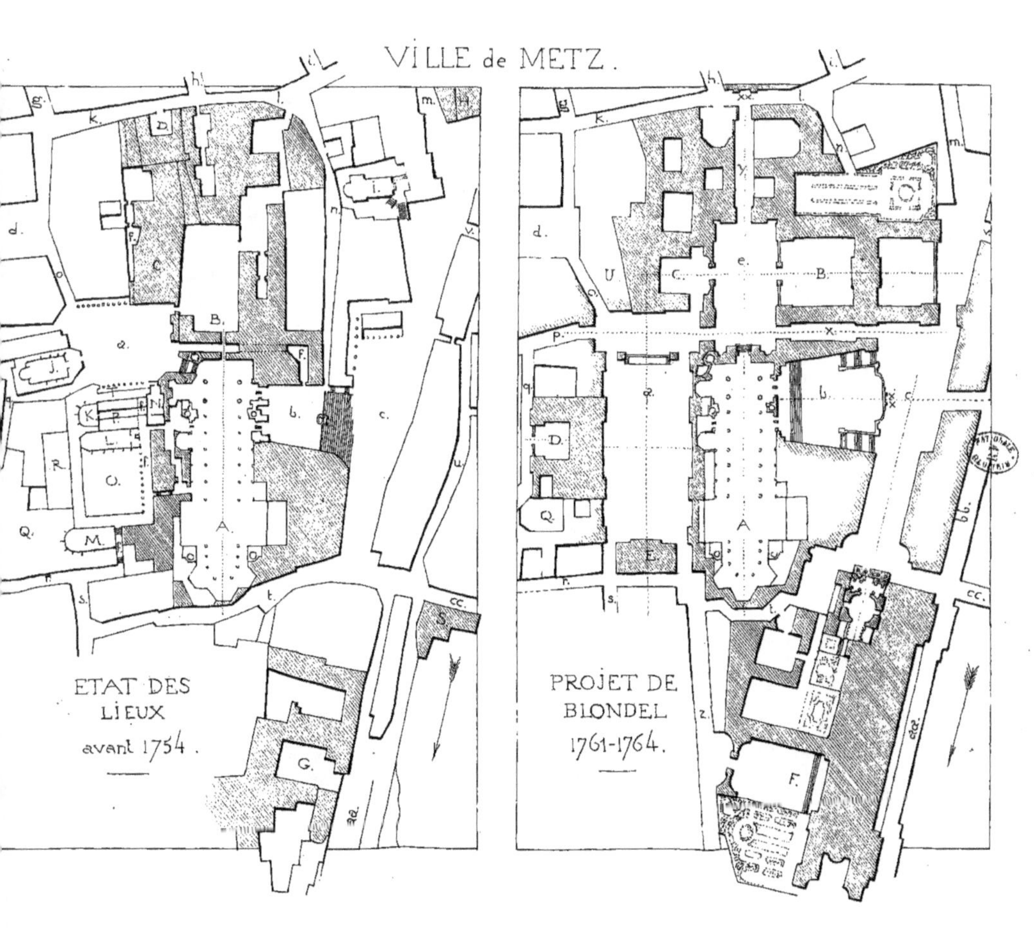

VILLE de METZ.
ETAT DES
LIEUX
avant 1754.
PROJET DE
BLONDEL
1761-1764.